novum pro

AF165618

*REINHARD
LACK*

# Ein hartes Leben mit der
# **GESUNDHEIT**

www.novumverlag.com

Bibliografische Information
der Deutschen Nationalbibliothek:

Die Deutsche Nationalbibliothek
verzeichnet diese Publikation in
der Deutschen Nationalbibliografie.
Detaillierte bibliografische Daten
sind im Internet über
http://www.d-nb.de abrufbar.

Alle Rechte der Verbreitung,
auch durch Film, Funk und Fernsehen,
fotomechanische Wiedergabe,
Tonträger, elektronische Datenträger
und auszugsweisen Nachdruck,
sind vorbehalten.

Gedruckt in der Europäischen Union
auf umweltfreundlichem, chlor- und
säurefrei gebleichtem Papier.

© 2024 novum Verlag

ISBN 978-3-99146-617-8
Lektorat: LW
Umschlagfoto:
Everythingpossible | Dreamstime.com
Umschlaggestaltung, Layout & Satz:
novum Verlag
Innenabbildungen: Reinhard Lack

Die vom Autor zur Verfügung gestellten Abbildungen wurden in der bestmöglichen Qualität gedruckt.

**www.novumverlag.com**

**Ein hartes Leben mit der Gesundheit**

Es war Anfang Juni 2017.
An diesem Donnerstagmorgen war ein enorm starkes Unwetter hier in der Nähe von Bukarest in Rumänien, wo ich nun schon seit mehr als vierzehn Jahren mit meiner Ehefrau in einem sehr schönen kleinen Einfamilienhaus mit einem gut gepflegten großen Garten lebe.
Erst fing es an, nur leicht zu tröpfeln, dann sanft zu regnen, bis es nur noch schüttete wie aus Eimern.
Ich hatte das Gefühl, dass ich die Wolken direkt mit meinen Händen anfassen und wie einen Schwamm ausdrücken könnte.
Der zuerst beginnende schöne Tag wurde zur tiefschwarzen Nacht, nur das Blitzen des Gewitters leuchtete rund um mich herum am Himmel stark hell auf.
Das anschließende laute Donnern fuhr einem bis in das Mark der Knochen hinein.
Ich war gerade dabei, unseren Firmenkleinbus mit einigen Elektrogeräten und anderen benötigten Artikeln für eine traditionelle rumänische Sommerkirmes, kurz genannt „targ", oder auch „Expo", wo wir mit einem Süßwaren- und Getränkestand daran teilnehmen wollten, zu beladen.
Wegen dieses extrem starken Unwetters, was hier nun herrschte, mussten wir uns beeilen, um die Elektrogeräte und alle anderen Sachen, die wir für diese Kirmes vorbereitet hatten, schnell zu verladen.
Die restlichen benötigten Verkaufsgegenstände, die in der Garageneinfahrt zwischengelagert waren, mussten sehr schnell in eine trockene oder eine überdachte Umgebung gebracht und dort abgestellt werden, da sie doch sehr empfindlich gegen Nässe oder auch nur Feuchtigkeit waren.
Wir haben eine Einfahrt zu unserem Grundstück von ungefähr achtzig Metern Länge von der Straße bis zur Garage und zum Haus.

Inmitten dieser überaus chaotisch stark herrschenden Hektik, die wir hier nun hatten, geschah das folgende Unglück.
Es sollte mein bisheriges gutes, gesundes und glückliches Leben hier in Rumänien grundlegend verändern.
Es war der Start von einer sehr langen Serie vieler kleiner oder auch großer Unglücke, was noch auf mich in den nächsten vier Jahren zukommen würde.
Beim Anheben eines zwei Meter langen und ungefähr fünfunddreißig bis fünfzig Kilogramm schweren Getränkekühlschrankes verlor ich das Gleichgewicht unter den Füßen und damit den Halt auf dem nun schon sehr nassen und rutschigen Betonboden.
Ich drehte mich auf dem glitschigen Boden, rutschte seitlich aus, stürzte hin und fiel in Höhe des Oberschenkels und der Hüftgegend auf einen mittelgroßen, dort liegenden Stein in der Nähe des Gartenzaunes zum Nachbargrundstück.
Das Ergebnis war fatal, schockierend, denn ich hatte mir eine sehr schmerzhafte komplizierte Oberschenkelfraktur, Femorale, zugezogen, die leider hier in Bukarest in einem der bestehenden staatlichen Krankenhäusern operiert werden musste.
Da ich durch diesen Knochenbruch nicht transportfähig war und somit nicht gleich nach Deutschland ausgeflogen werden konnte, blieb mir keine andere Möglichkeit, als diese Maßnahme zu akzeptieren.
Was ich jedoch alles erst einige viel zu lange, sehr schmerzhafte Stunden später im Krankenhaus erfahren sollte.
Da ich mich, durch diesen Sturz, überhaupt nicht in eine andere Position drehen, oder mich hinsetzen konnte, musste ich ungefähr fast zwei Stunden im strömenden Regen, fröstelnd, wimmernd vor starken Schmerzen, völlig durchnässt steif liegend unter einer Plastikfolie, die man über mich legte, warten, bis endlich der angeforderte Krankenwagen angefahren kam.
Was, angesichts der Wartezeit in dieser Vorstadt von Bukarest in Rumänien für einen Krankenwagen, zum Glück noch in einer kurzen Zeit geschehen ist.

Es kann auf den umliegenden Dörfern außerhalb von Bukarest Wartezeiten auf einen Arzt oder Krankenwagen bis zu acht Stunden, im tiefsten Winter sogar Tage, geben.
Oft kommen sie zu spät.
Wahrscheinlich waren sie so schnell hier, da sie gesagt bekamen, dass ich deutscher Staatsbürger bin, bei Ausländer sind die Hilfsorganisation sehr hellhörig und bevorzugen die Hilferufe am Telefon.
Diese Sommerkirmes, worauf ich mich so gefreut hatte, konnte ich nun vergessen, unsere Teilnahme daran wurde von unserem Mitarbeiter sogleich abgesagt.
Dadurch verloren wir leider den bezahlten Standort bei der Messe.
Wenigstens hatte es mittlerweile aufgehört mit diesem Unwetter und die Sonne kam zum Vorschein.
Zwei Sanitäter waren dann auch endlich mit ihrem Rettungswagen hier angekommen, man hörte sie von Weitem mit ihrem krachenden, sehr laut lärmenden Martinshorn.
Sie sprangen schnell aus dem Wagen und halfen mir sofort, mich in eine andere Position zu bewegen.
Ich sah schon, dass es geschulte Rettungssanitäter waren.
Sie drehten mich sehr vorsichtig und so gut es ging zur Seite und legten mir ein Plastikkissen unter den Kopf.
Danach wurde eine weiche, mit sehr kleinen Kugeln gefüllte Silikonschiene um mein Bein, vom Fuß bis zur Hüfte, angebracht.
Sie sah erst aus wie eine lange, schmale Hartplastiktüte.
Man streifte sie wie so eine Art langen und breiten Schlauch über das Bein und anschließend pumpte man über ein Ventil, was seitlich daran befestigt war, mit einer Handluftpumpe Luft hinein, bis sie prall gefüllt und fest war.
Die Silikonkügelchen passten sich dem Bein an und sollten wohl für einen besseren Halt sorgen.
Bei diesen Aktionen hatte ich nicht auszuhaltende Schmerzen, die ich wohl nur mit lauten Schmerzensschreien überstehen konnte.
Ich war kurz davor, bewusstlos zu werden.

Aber es war den hier anwesenden Sanitätern nicht erlaubt, mir ein entsprechendes Medikament, eine Spritze oder eine Infusion zu verabreichen, was sofort schmerzlindernd gewirkt hätte.
Diese dürfen hier in Rumänien nur speziell ausgebildete Rettungsärzte mit spezieller Schulung und entsprechendem Zertifikat, was immer mitzuführen ist, verabreichen.
Der oder die Notärzte waren aber bei diesem Einsatz hier bei mir nicht mitanwesend.
Diese Rettungsärzte kommen nur zum Einsatz bei größeren Verkehrsunfällen oder anderen schweren und offenen Verletzungsursachen, wie zum Beispiel schwere Verkehrsunfälle, Brandunfälle oder auch bei Selbstmorden, sowie bei tätlichen Angriffen mit anderen Arten von Verletzungen.
Jedoch nicht bei so einfachen Stürzen wie meiner.
Und das Zertifikat dient zur Absicherung für die Notärzte, da sie sehr schnell verklagt werden könnten, oder sogar sehr häufig von jemandem verklagt wurden.
Das arme Volk hier versucht immer irgendwelche Tricks, um an Geld zu kommen.
Endlich, in diesem Rettungswagen liegend auf einer Tragbahre festgeschnallt und eingeladen, fuhr er mit Blaulicht und Martinshorn geschwind los.
Das Blaulicht war auf meinem Grundstück ununterbrochen eingeschaltet, jedoch ohne das Lärmen der Sirene, was dazu führte, das sämtliche Nachbarn sich am Eingangstor versammelt hatten und wild durcheinanderrufend diskutierten.
Diese lauten und wilden Gesten mit Händen und Füßen sind ein Teil der rumänischen Mentalität und Kultur.
Hier auf meinem Grundstück war es nicht unbedingt nötig, aber dieses Blaulicht muss bei einem Einsatz eingeschaltet sein, egal ob ein kleiner oder ein großer und schwerer Unfall geschehen war.
Für eine Entfernung von ungefähr fünfzehn Kilometer zum nächsten Stadtkrankenhaus benötigte er jedoch immer noch eine Fahrzeit von ungefähr einer Stunde und mehr, da die Stadt Bukarest wieder mal unter dem täglichen Verkehrschaos zusammenbrach.

Über vier Millionen Autos fahren Tag ein und Tag aus frühmorgens nach Bukarest hinein und spätabends wieder aus der Großstadt hinaus.
Da nützte auch der eingeschaltete Martinshornalarm nicht viel, da die sogenannten Rettungsgassen sehr schwierig, oder oft auch gar nicht, zu gestalten waren, oder einfach aus Sturheit nicht gebildet werden.
Hier gab es noch keine Bußgelder dafür.
Aus einer zweispurigen Fahrbahn wird sehr oft eine vierspurige, da Führungslinien oder Ampelanlagen selten oder überhaupt nicht beachtet werden, außer an den großen Kreuzungen.
Wo noch ein Auto dazwischen passt, wird auch noch eins dazwischen passend gefahren.
Wo noch eingeparkt werden kann, wird sich auch noch hingestellt, selbst auf den verbotenen Plätzen.
Freie Parkplätze sind sehr selten in Bukarest.
Wenn man sich im Straßenverkehr befindet, hört man nur lautes Rumschreien, Hupen oder mit den Händen herum fuchtelnde Menschen aus den geöffneten Fenstern der Autos fluchen.
Die Fußgängerwege werden auch nicht von den Autos freigehalten und dadurch müssen die vielen Leute Slalom zwischen den Fahrzeugen und dem Gehweg laufen, was sie jedoch schon sehr lange Zeit so gewohnt sind.
Aber mit der Zeit löst sich dieses Verkehrschaos dann wieder auf, denn die Arbeitszeiten liegen hier in Bukarest zwischen zehn und neunzehn Uhr.
Viele Straßenkreuzungen sind regelmäßig verstopft und sollte mal ein Verkehrspolizist vor Ort sein, ist auch er mit diesen Situationen oft überfordert und steht dann nur noch mit den Händen in der Tasche herum, oder telefoniert lange herum.
Endlich kam ich nach langer Fahrzeit im municipal-Stadtkrankenhaus von Bukarest an.
Wenn man dieses enorm riesengroße Gebilde von außen betrachtet, muss man meinen, es wäre schon etwas Besonderes für die Einwohner hier.

Das Hierherkommen ist von der Straßenführung her normalerweise sehr leicht, denn dieses wurde damals in die Nähe der Innenstadt gebaut.
Es ist das größte, vom Staat finanzierte und unterhaltene medizinische Universitätsklinikum von Bukarest in Rumänien.
Doch sollte man krankheitsbedingt, oder auch nicht, in dieses Krankenhaus hineingehen müssen, ist man wahrlich schockiert, denn man sieht nur eine erschreckende Größe an purer Armut, die hier in diesem Land leider herrscht und mit Sicherheit noch sehr lange in diesem kläglichen Zustand bleiben wird.
An der Einfahrt für liegende Transporte, die zweispurig ist, stand in einer der Spuren eine sehr lange Schlange von anderen Rettungswagen verschiedener Organisatoren, viele mit eingeschaltetem Blaulicht.
Wie ich erfuhr in einigen Gesprächen, ist dies ein festgeschriebenes Gesetz hier, es wird den engagierten Fahrern oder Fahrerinnen befohlen, ob es ihnen gefällt oder auch nicht.
Manche Krankenwagen wurden gerade mit Patienten beladen, oder sie waren schon mit Patienten versorgt.
Weitere andere parkende Wagen warteten auf ihren Patiententransport oder einen bevorstehenden Notfalleinsatz.
Zwischen den Krankenwagen standen oder parkten auch noch einfache private Personenkraftwagen, Lieferwagen oder auch Pferdekutschen von den sehr unbeliebten anderen Völkern, ich darf den Namen nicht nennen, die sich hier irgendwoher durch einen Seitenweg Zufahrt verschafft haben, was normalerweise nicht erlaubt war.
Die Sicherheitsangestellten, die hier normalerweise für Recht und Ordnung sorgen sollen, tolerieren dieses wild Parken gegen ein kleines oder auch hin und wieder größeres Handgeld.
Außerhalb des Krankenhausgeländes waren schon Parkplätze, aber dort überhaupt einen freien Platz zu bekommen, war sehr schwierig, ich will schon fast sagen unmöglich.
Eine große Hektik herrschte an dieser Zufahrtsstraße zur liegenden Aufnahme.

Sehr viele Personen laufen wild gestikulierend mit ihren Händen, oder einfach nur schnell rennend, wie in einem Ameisenhaufen, suchend nach irgendeinem Anlauf oder einer Anmeldestelle, umher.
Und erst recht nicht zu überhören sind laute und manchmal unverständliche Rufe vereinzelter Personen und Gruppen oder das sehr laute Schreien von weinenden Kindern.
Einige Sanitäter waren damit beschäftigt, das Krankenwageninnere aufzuräumen, zu reinigen, sich mit jemanden zu unterhalten, oder aber standen Zigaretten rauchend wartend herum.
Angekommen am sehr großen Eingang der liegenden Notaufnahme wurde ich nun endlich mit Sorgfalt ausgeladen.
Mitten in diesem chaotischen Wirrwarr, was hier herrschte, wurde ich auf der Tragbahre in die Notaufnahme dieses Krankenhauses hineingeschoben.
Nach einer irren Slalomfahrt im Innenraum der Notaufnahme des Krankenhauses, es waren Unmengen an Menschen hier, auch viele, die einfach nur neugierig waren, die auch keinen Platz machten, erst nach mehrmaliger Aufforderung, war ich endlich angekommen in dem sogenannten Schockraum der liegenden Aufnahme.
Hier anwesende Sicherheitswachmänner öffneten uns die Tür.
Ich verstehe bis heute nicht, für was diese Wachmänner hier vor Ort waren, es kamen unkontrolliert unglaublich viele Leute in diesen Raum, nicht nur Patienten, sondern auch Begleitpersonen oder Angehörige oder auch einfach wieder nur neugierige Menschen.
Diese neugierigen Menschen waren auf der Suche nach Geschichten über das Unheil, das sie wahrscheinlich irgendwo von ihren Bekannten, oder von wem auch immer, erzählt bekommen.
Geschichten erzählen ist eine große Mode hier.
Unfassbar, unglaublich, aber wahr, was dann geschah.
Gerade beim Hineinfahren, mitten in der Tür zum Schockraum, brach die Tragbahre unter meinem Rücken mit lautem Knirschen und Gepolter zusammen.

Die Trage war von den Rettungssanitätern nach dem Herausnehmen aus dem Rettungswagen und beim Aufstellen auf die Räder nicht richtig befestigt oder eingerastet worden.
Ich fiel aus heiterem Himmel, wie man so sagt, mit einem Riesenknall zu Boden, mit dem ganzen Traggestell und was dazugehörte.
Die Sanitäter standen zuerst regungslos und fassungslos neben mir, bevor sie mich dann schnell zusammen mit dieser Rettungstrage behutsam wieder aufrichteten.
Mein Riesenglück war nur, dass ich an der Trage rückenliegend angeschnallt war, so fingen das Polster der Tragbare, ein Kissen und die Gurte diesen ungewöhnlichen Sturz etwas sanfter auf.
Es waren dennoch höllische Schmerzen, ich schrie viel lauter, als mir bewusst war.
Alle Blicke der Personen, die um mich herumstanden, waren auf mich gerichtet.
Es war ein gefundenes Fressen für diese neugierigen Menschen, nun hatten sie zu tratschen.
Eine in der Nähe stehende Krankenschwester, oder was auch immer sie für eine Position hier hatte, kam schnell angelaufen zu mir und sagte, ich solle nicht so herumschreien, es wären auch andere Patienten hier in diesem Raum.
Ich schaute sie ungläubig und verwundert an und schrie vor Panik noch lauter.
So schilderte es mir meine Schwiegermutter, die mit mir zusammen im Krankenwagen mitgefahren war, um die nötigen Dokumente vorzuzeigen und alle Anmeldungen vorzunehmen, meine Frau war noch an ihrem Arbeitsplatz zu dieser Zeit.
Sie kam dann aber auch schnell nach, um mir beizustehen, nachdem man ihr Bescheid gab, was mit mir passiert war und wo ich hingebracht wurde.
Es waren für sie dieselben Straßenverkehrsverhältnisse, sogar noch schlimmer, da sie kein Martinshorn hatte, aber zum Glück nicht so weit weg vom Krankenhaus arbeitete.
Sie arbeitet in der Stadtmitte von Bukarest in einem kleinen und gutlaufenden Reisebüro und Schulungszentrum für Fremdsprachen.

Nach ungefähr vierzig Minuten schmerzhafter Zeit des Wartens auf einen Arzt bekam ich dann endlich eine erste schmerzstillende Spritze. Kalman wurde sie genannt.
Eine Notfallärztin legte mir nun auch sofort einen Venenkatheter.
Abgebunden am Oberarm mit einem Einwegplastikhandschuh, einen Stauschlauch besaßen sie hier nicht, wurde mir die Braunüle gelegt.
Man fragte mich, auf einer Zahlenskala von eins bis zehn, wie stark der Schmerz nach dieser Schmerzspritze noch wäre, darauf konnte ich aber zuerst keine Antwort geben, jedoch einige Minuten später fühlte ich mich betäubt, der Schmerz war erstmals deutlich weniger geworden.
Ich konnte besser atmen und besser alles um mich herum wahrnehmen.
Was auch immer es war, was ich dort verabreicht bekommen hatte, es half jedenfalls enorm.
Für was oder warum ich den Venenkatheter bekam, kann ich leider nicht beantworten, denn hier und jetzt wurde mir keine Infusion daran angehängt.
Aber dies soll noch folgen.
Ich war zumindest viel besser ansprechbar und konnte schon mit klareren Gedanken beobachten, was hier mit mir angestellt wurde.
In diesem sogenannten Schockraum standen mehrere Krankenliegen oder sehr kleine schmale Betten herum, wo Personen von verschiedenem Geschlecht darauf sitzend oder liegend darauf warteten, behandelt zu werden.
Eine Trennwand oder einen Sichtschutz war nicht vorhanden.
Einige von diesen Menschen weinten leise vor Schmerzen oder jammerten herum, andere schauten sich auch alles rundherum an, unterhielten sich mit ihrem Begleiter, versuchten sich abzulenken mit dem Telefon oder waren am Schlafen.
An der Zimmerdecke hing ein Aluminiumrohr, das in Quadratform mit einem so einer Art Drahtseil oder Kettenseil angehängt war.

Daran waren mehrere verschiedene Infusionsflaschen an Metallhaken nebeneinander angebracht, die dann mit kleinen Plastikschläuchen zu einigen Patienten hier führten.
Es war kein Vergleich zu den deutschen Infusionspraktiken.
Ich war zum Glück jedoch nicht daran angeschlossen, sondern wartete immer noch auf den weiterbehandelnden Arzt.
Ich dachte immer, dass ein Schockraum eine Art kleiner Operationssaal war, hier aber, wo ich mich befand, hat es jedenfalls nicht annähernd damit etwas zu tun.
Schockraum stand nur an der Tür.
Nach einer mir endlos erscheinenden Zeit kam dann ein dunkelblau angezogener Mann, der mich dann auch endlich zum Röntgen in den dafür vorgesehenen Raum brachte.
Jeder Angestellte, Arzt oder Ärztin, das Pflegepersonal oder die anderen medizinischen sowie technischen Fachpersonen hier, haben einen eigenen farblichen Kasack (Dienstuniform).
Es warteten sehr viele Personen oder Patienten hier auf dem Flur auf das Röntgen.
Die Leute standen alle, manche saßen auf dem Fußboden, oder wer konnte, hockte sich hin, da es nur eine minimale Anzahl an Stühlen gab.
Die Warteschlange war lang und wie ich mitbekommen hatte, wer etwas heimlich zahlte, wurde vorgezogen.
Korruption ohne Ende, aber leider normal in diesem Land.
Das mit dem Bezahlen war bei mir anfangs noch nicht gefragt, ich war Ausländer, da waren sie schon etwas vorsichtig.
Nach einer etwas längeren Wartezeit, obwohl man mich vorgezogen hatte, war ich endlich dran und kam nun in den Röntgenraum.
Das Röntgen fand mit dieser Tragbaren, worauf ich lag, statt.
Zuerst war eine größere halbrunde Holzplatte, ungefähr zwei Zentimeter dick, auf dem Tisch montiert, darüber lag ein dunkles Stofftuch.
Anschließend wurde diese Aluminium-Röntgenplatte behutsam unter mein Bein und die Hüfte geschoben.
Die Holzplatte sollte das Reflektieren des Metalls der Tragbahre auf dem Röntgenbild verhindern.

Es war dennoch eine schlechte Qualität, aber die Bruchstelle konnte zumindest ein geschulter Radiologe oder Mediziner erkennen.
Kurz nach dem Röntgen waren auch sofort einige Studenten an meiner Trage und redeten auf mich ein. Ein herbei gerufener Arzt war mit meinem Fall beschäftigt.
Nun erfuhr ich, dass ich operiert werden musste.
Sie unterhielten sich sehr angeregt darüber, wer wohl die Operation machen wollte, da sie sehr viel Geld an mir verdienen konnten.
Aber meine Frau wählte einen Arzt aus, der ihr empfohlen wurde.
Mit dem ausgewählten Arzt, der meinen Unfall annahm, wurde auch sogleich die weitere Vorgehensweise besprochen.
Nicht zu vergessen, auch sein Honorar.
Diese Operation bezahlte die Versicherung meiner Frau, wo ich auch mitversichert bin, nur das vereinbarte heimliche Honorar bezahlten wir.
So fing das Schwarzgeldzahlen auch bei uns an, ohne Kohle, keine OP.
Dieser Arzt war wohl auch sehr bekannt und gefragt hier in diesem Krankenhaus, denn viele andere Menschen fragten auch nur nach ihm.
Er arbeitete mit seinem Vater, auch ein Chirurg, zusammen.
Irgendwann danach, nach etlichen weiteren nicht endenden Minuten oder sogar Stunden, kam ich dann doch endlich auch auf ein Zimmer.
Ich wurde auf dieser rollenden Tragbare, worauf ich mich noch immer befand, in die vierte Etage per Aufzug zur orthopädischen Station eins gefahren.
Ich weiß zu diesem Zeitpunkt nicht, was mir mehr wehtat, der Oberschenkel oder der Rücken vom langen Liegen auf derselben Stelle.
Das Umbetten von dieser Krankenliege in mein Bett erfolgte unter der großartigen Mithilfe von vier Krankenpflegern, die mich wirklich sehr behutsam mit einem Bettlaken von der Liege auf das Bett zogen.

Es war ein sehr großer hoher Raum, schätze ungefähr sechzig m².
Die vielen kleinen Fenster an einer Seite des Zimmers waren alle ohne einen Behang, irgendwelchen Gardinen oder einen Rollladen.
Und der Raum war hell und weiß angestrichen, der Fußboden war grau-blau gesprenkelt.
Der Raum war breit und hoch, das Reden hallte wie ein Echo aus den Bergen in meinen Ohren wider.
Acht Krankenbetten waren in zwei gerade Linien zu je vier Betten darin aufgestellt.
Einen Nachtschrank, Kleiderschrank oder so etwas Ähnliches gab es keinen im Zimmer.
An der Zimmerdecke waren keine Lampen, sondern es hingen dort nur ein paar alte Glühbirnen an dünnen Drähten herunter.
Der Bettenabstand war ungefähr ein Meter und dreißig Zentimeter breit.
An den anderen Betten, die rund um mich standen, konnte ich sehen, dort waren mehrere Plastiktüten an Metallrahmen angebunden, worin die Mitpatienten hier ihr Hab und Gut, Essen und Trinken sowie Hygieneartikel aufbewahrten.
Meine Frau brachte mir am nächsten Tag einen kleinen runden Plastiktisch mit, sowie eigene Hygieneartikel, hier gab es nicht mal Toilettenpapier.
Fast alle meine Sachen waren in einem kleinen Rucksack verstaut, der aber auch an das Bett befestigt werden musste.
Ich hatte nicht so viel bei mir, nur Kleidung und einen Wäschebeutel mit Utensilien zur Körperreinigung, aber gar keine Wertsachen.
Nur ein paar Geldscheine mit kleinem Wert.
Meine Kleidung, die ich vorher anhatte, wurde in der Notaufnahme vor dem Röntgen zerschnitten, da ich sie nicht ausziehen konnte und sie auch vom Regen noch sehr feucht und schmutzig war.
Ich lag hier in meinem Bett, noch nicht mal in einer Unterhose, sondern war nur mit einem dünnen Laken bedeckt. Was im Angesicht der Temperaturen hier auch absolut reichte.

Was ich hier im Zimmer vorfand, war erneut wieder nur ein Chaos zum Kopfschütteln.

Ich war sprachlos.

In zwei Betten lagen sogar zwei Leute, beide seitenverkehrt, Kopf zu den Füßen, aber nur für eine Nacht.

Wegen Platzmangel sagte man mir, alles war in diesem Krankenhaus überbelegt.

Es störte diese Menschen absolut nicht, so zu liegen, für sie war es nur wichtig, dass sie behandelt werden.

Gegenüber von mir war eine drogen- und alkoholabhängige junge Frau, ich schätze sie so ungefähr auf dreißig bis fünfunddreißig Jahre alt, angeschnallt an Armen und Beinen am Bett und immer wieder laut um Hilfe schreiend, oder wild tobend an den Fesseln zerrend.

Sie war vor Kurzem operiert worden und wollte immer wieder aus ihrem Bett springen.

Sie hatte bei einer Schlägerei mehrere Verletzungen und Knochenbrüche erlitten.

Kurze Zeit später wurde sie mit Schlaftabletten oder Ähnlichem ruhiggestellt und am nächsten Tag auf eine andere Station verlegt. Zum Glück hörte ich danach nie wieder etwas von ihr.

Schräg gegenüber von mir war ein Obdachloser, ca. fünfundzwanzig bis dreißig Jahre alt, stinkend von Urin und anderen Gerüchen, sowie mit Dreck verschmiert.

Ich erfuhr später, dass er sich absichtlich vor ein Auto geworfen hat, damit er beim Gericht Schmerzensgeld einfordern konnte.

Das war, oder ist, eine neue Modeaktion von armen Leuten und vorwiegend Zigeunern hier in Bukarest, die dank einer Gesetzeslücke auch oft Erfolg damit haben.

Er wurde vom Pflegepersonal mit einem Wasserschlauch unter lautstarkem Protest eingeseift und abgewaschen, das konnte ich beobachten, da die Tür ständig offenstand und ich seitlich von der Tür mein Bett hatte, dadurch konnte ich auf den Flur und den gegenüberliegenden Waschraum sehen.

Normalerweise war diese Waschraumtür verschlossen, nur diesmal nicht.

Auch seine Kleidung wurde dadurch etwas gereinigt, aber er bekam dann auch irgendwelche Sachen zum Anziehen.
Zimperlich waren diese Krankenpfleger nicht mit ihm umgegangen.
Ich konnte und kann es bis heute absolut nicht verstehen, dass er überhaupt, so schmutzig wie er war, auf ein Krankenzimmer verlegt wurde.
Aber auf mein Nachfragen bekam ich leider keine Antwort, im Gegenteil, sie ließen mich einfach ohne Antwort so liegen und verschwanden.
Nach weiterem Nachfragen zogen sie nur die Schultern hoch.
Am nächsten Morgen wurde er jedoch von der Polizei hier im Zimmer in einem sehr scharfen Ton, fast schon anbrüllend, in einer Kurzfassung verhört und anschließend mitgenommen.
Er lief wieder recht normal, ich glaube sogar schmerzfrei, da er nicht mehr humpelte, als er mit ihnen aus dem Krankenzimmer ging.
Von diesen Obdachlosen sind hier öfters welche eingeliefert, die solche Unfälle ausprobieren, um schnelles Geld zu machen, teilten diese Polizisten mir noch mit.
Einen anderen Zimmermitbewohner konnte ich nicht erkennen, da er von oben bis unten mit Mullbinden eingewickelt war. Nachdem ich nachgefragt hatte, sagte man mir, er hätte Brandverletzungen und dieser Verband müsse vier Tage auf den operierten Wunden bleiben.
Ich verstand absolut nicht, was Brandverletzungen in einer Orthopädiestation zu suchen hatten.
Er sah aus wie eine ägyptische Mumie.
Wieder ein anderer, auch mit einem Oberschenkelbruch, durfte sich nicht hinlegen, oder konnte es auch nicht, denn er hatte eine spezielle Kissenkonstruktion, was das Hinlegen verhindern sollte.
Diese Kissenkonstruktion bestand aus einem Couchpolster, was mit Bettlaken und Mullbinden am Bett fixiert war.
Hier wird wohl jedes Mobiliar oder Teile davon genutzt, was noch brauchbar ist.

Er hatte sehr starke Lungenprobleme, ausgestattet mit einer Maske auf dem Gesicht, an der ein dünner transparenter Schlauch angeschlossen war, der zu einem kleinen Kompressor führte und ihn mit Sauerstoff versorgte.
Er musste im Sitzen schlafen, angeschlossen an diesen Luftkompressor.
Es war ein sehr modernes luftspendendes Gerät und war zumindest lautlos.
Ein weiterer junger Mann war gelähmt nach einem sehr schweren Autounfall auf der Autobahn Bukarest Richtung Constanta.
Seine Mutter war sitzend und ständig leise weinend neben ihm auf einem Stuhl wachsam, sie versuchte alles an Hilfe zu leisten, aber er schlief zumindest die meiste Zeit tief und fest.
Alles war für mich sehr kompliziert hier.
Zwei weitere Männer in ungefähr meinem Alter waren da auch noch, die je eine neue Hüftprothese hatten oder bekommen sollten, die dadurch ständig mit Begleitung eines Physiotherapeuten, oder einer Therapeutin, herumliefen, oder sich bewegten mussten.
In diesen ungewollten Tagen, die ich hier verbringen musste, waren ständig andere Therapeuten am Arbeiten.
Es war schier unglaublich, was hier an verschiedenen und seltenen Krankheiten zusammengewürfelt in einem Raum waren.
Von Hygiene oder Privatsphäre absolut keine Spur.
Meine Frau bat dann das anwesende Personal, wenigstens eine Stofftrennwand oder etwas Ähnliches zwischen mir und diesen anderen Patienten aufzustellen, um mir diesen Anblick zu ersparen.
So etwas gab es aber in diesem Krankenhaus überhaupt nicht.
Später erfuhr ich, dass es in fast jedem Zimmer, ob groß oder klein, genauso chaotisch war, bis auf ein Einzelzimmer, was jedoch mit jemandem belegt war.
Meine Frau wollte dieses Einzelzimmer für mich haben, dafür auch bezahlen, Schmiergeld hat sie dafür angeboten, aber da bestand überhaupt keine Chance.

Geld regiert die Welt, selbst ein Einzelzimmer hier im Krankenhaus ist nur für Reiche zu bekommen.
Zumindest hier in diesem Krankenhaus in Bukarest.
Nun war ich schon länger hier und das Personal hielt auch bei mir die Hände auf.
Es musste für alles, was ich brauchte oder wollte, ein kleines Schmiergeld bezahlt werden, vom Arzt über das Röntgen, die Pflegekräfte, bis zur Reinigungsfrau.
Jeder, der hier arbeitet, hielt die Hand auf, einer bekam mehr, andere etwas weniger.
Meine Frau übergab eine für dieses Krankenhaus übliche Zahlung, auf Rumänisch genannt „spacke", diese Summe teilten sich die Angestellten dieser Station unter sich auf.
Ich muss sagen, ich wurde nun ständig vorgezogen, wenn es nötig war, nach dieser unfreiwilligen aber wohl großzügigen, ich sag mal, Spendenzahlung.
Ob Bettwäsche, frische Handtücher oder ein Extrakissen, für mich war nun alles fast zu bekommen, solange es existierte und vorhanden war auf dieser Station.
Wer kein Geld hatte, musste darauf verzichten, oder diese Sachen sich von zu Hause mitbringen lassen, was dann jedoch komischerweise oft verschwand, wenn der Besuch wieder gegangen war.
Das Verschwinden von Sachen war wohl an der Tagesordnung. Einige Reinigungskräfte oder anderes Personal hatten wohl auch noch einen Nebenjob.
Ich war wohl durch diese geheime Zahlung abgesichert.
Ich lag nun hier schon seit zwei Tagen im Bett herum, die Schmerzen wie so oft mich quälend, da bekam ich auf Bitte wieder einmal eine schmerzstillende Spritze.
Aber es war diesmal irgendetwas anderes, was sie mir verabreichten.
Es hatte eine andere Wirkung.
Kurz nachdem ich die Spritze eingeführt bekam, fühlte ich mich wie in einem Horrorfilm.

Ich sah schwarze katzenähnliche Figuren an der Wand kleben oder tanzen, hörte sogar quietschende Geräusche oder schiefes Siegen. Unglaubliche schwarze kurze Linien tanzen.
Ich fing heftig an zu schwitzen, mir war heiß und kalt abwechselnd, eine unerklärliche Angst jagte die nächste.
Ich wollte weglaufen, mich einfach verstecken, das war aber leider nicht möglich.
Mein Kopf wanderte von links nach rechts abwechselnd hin und her.
Ich wollte erkennen, was das war, aber es wurde immer schneller, immer ungenauer, verschwommener, was ich da vor mir sah.
Ich zog meine Decke über den Kopf, damit es dunkel um mich herum wurde, aber es verschwand einfach nicht.
Diese kleinen, herumwandernden oder herumfliegenden schwarzen Punkte, die aussahen wie fliegende Larven, diese kurzen und langen Linien, störten mich am meisten.
Sie sahen auch aus wie Tausende kleine Miniheuschrecken.
Ich zwang mich, meine Augen zu schließen, doch es war sehr schwer, fast unmöglich.
Aber irgendwann, viele Stunden später, so empfand ich es, schlief ich dann endlich vor Erschöpfung ein.
Einige Zeit später wachte ich jedoch schweißgebadet wieder auf.
Ich rief nach dem Pflegepersonal, eine Notrufklingel gab es keine.
Nach einigem lauten Rufen kam eine Pflegerin herein.
Sie half mir auch sogleich, mich körperlich um einiges besser zu fühlen, unter anderem wechselte man mir dieses merkwürdige Hospitalnachthemd, was ich anhatte, gewaschen sowie mit einem Deo angesprüht wurde ich auch.
Ich kann dieses sogenannte Nachthemd nur als so eine Art Damennachtrock bezeichnen, wobei das Rückenteil komplett ausgeschnitten war.
Mit diesen OP-Kitteln aus Deutschland kann man es fast vergleichen, nur der Zuschnitt war anders.
Erneut einige Zeit später kam der Doktor und gab mir eine neue Spritze, die vorherige Wirkung hat nachgelassen und die Schmerzen wurden wieder intensiver und langsam unerträglich.

Dieser Bruch erzeugte die schlimmsten Schmerzen, die man bei solchen Unfällen bekommen kann.

Ich fragte ihn, warum das Schmerzmittel gewechselt wurde, als Antwort bekam ich, das alte Medikament war aufgebraucht und wurde bis zu diesem Zeitpunkt noch nicht geliefert.

Ich verstand und kurz nach der Injektion ging es wieder los, diese Schatten und Visionen vor meinen Augen starteten erneut.

Erneut schlief ich dann auch endlich wieder nach einem krampfhaften Versuch, diese Nebenwirkungen zu verdrängen, ein.

Von diesen schmerzstillenden Spritzen bekam ich insgesamt fünf Tage lang alle acht Stunden eine.

Aber der Arzt verabreichte mir auch mittlerweile zwischendurch ein Schlafmittel, dadurch wurden einige Nebenwirkungen unterbunden.

Die restlichen Nebenwirkungen ließen auch immer mehr nach und Schmerzen verspürte ich in der kommenden Zeit nicht mehr so stark.

Ich gewöhnte mich an diese Drogen.

Am Morgen nach den fünf Tagen kam die nächste Schocknachricht.

Das rumänische Gesetz schreibt vor, dass in Rumänien nur speziell geschulte und ausgebildete Anästhesisten Ausländer operieren dürfen.

Die Anästhesisten waren von diesem Krankenhaus hier aber alle vom ersten Juni bis zum siebten Juni im Urlaub, oder einfach nicht erreichbar, da einige gesetzliche Feiertage hintereinander und auch ein Wochenende anstanden.

Hier waren nur Anästhesisten für Notfälle der heimischen Bevölkerung zuständig und anwesend.

So musste ich also weitere vier Tage mit diesem starken Schmerzmittel aushalten.

Mit diesen sehr ungewollten Träumen oder Fantasien, die ich ständig hatte, wartete ich darauf, dass es irgendwann aufhört.

Selbst die Besuche von Freunden oder Familie, die ich bekam, nahm ich nicht so richtig wahr.

Meine Frau saß oft stundenlang neben mir, ohne dass ich mich mit ihr unterhalten konnte.

Ich habe in all den Tagen nichts gegessen, da ich Angst hatte, auf die Toilettenschüssel zu gehen, nicht wegen Peinlichkeit, sondern der Schmerz war unerträglich, wenn ich meinen Hintern anheben musste.
Körpergewicht hatte ich mehr als genug, ich konnte beruhigt etwas abnehmen.
Den Wasserbedarf meines Körpers stillte ich aber schon durch sehr viel Trinken.
Ich trank täglich ca. zwei Liter Wasser und nahm dadurch langsam Körpergewicht ab.
Die Bettwäsche wurde in all diesen Tagen leider nur zwei Mal gewechselt, denn das Pflegepersonal war ja doch auch ziemlich beschäftigt und unterbesetzt.
Dazu kam noch, dass ich unter allergrößten Anstrengungen versuchte, ihnen zu helfen, da ich mich nicht allein auf die Seite drehen konnte und die schmächtigen Damen oder Herren keine so komfortablere Hilfestellung leisten konnten.
Mittlerweile gewöhnte ich mich auch an die Zeiten der schmerzstillenden Spritzen, ich merkte schon, ohne auf die Uhr zu sehen, wann ungefähr diese acht Stunden vorbei waren.
Ich bin auf jeden Fall der Meinung, dass mein Körper langsam und schleichend abhängig davon wurde, denn mein Körper fing an zu zittern und verlangte danach.
Das war mir zu diesem Zeitpunkt auch absolut gleichgültig. Hauptsache, diese durch Mark und Bein gehenden Schmerzen waren nicht mehr zu spüren.
Und so ging es weiter.
Siebter Juni 2017, Tag der Operation.
Endlich der ersehnte Tag.
Frühmorgens kam eine Krankenschwester in das Zimmer, in der linken Hand ein kleiner Eimer und daran war ein kleiner dünner roter Schlauch von ungefähr zwei Metern Länge an einem blauen kleinen Wasserhahn befestigt.
Sie stellte den Eimer auf den Boden, zog Handschuhe an, die aussahen wie jene, die manche Leute zum Spülen benutzen, und rührte mit ihren Händen darin herum.

Dann gab sie eine Flüssigkeit aus einem gelben kleinen Kanister dazu und rührte leise ein Lied singend weiter.
Die Stimme und das Lied waren sehr schön, auch wenn ich das Lied nicht verstanden habe. Was nun folgte, war schon schockierend.
Es war ein sogenannter Einlauf zur Darmentleerung.
Sie stelle den Eimer auf die Fensterbank neben mir, werkelte an diesem Schlauch herum und trat an mein Bett heran.
Sie wollte nun diesen Einlauf mit lauwarmem Seifenwasser an mir vornehmen.
Da ich aber schon acht oder neun Tage nichts mehr gegessen hatte, sondern nur Wasser getrunken habe und bis jetzt nur einmal auf einer Plastikschüssel als Toilettenersatz war, lehnte ich diesen Vorgang aber rigoros ab.
Die Schmerzmittel, die ich ständig bekam, lähmten wahrscheinlich auch meinen Darm, denn ich hatte nicht das Bedürfnis eines Stuhlganges in dieser Zeit.
Ich hatte aber nicht den Hauch einer Chance des Ablehnens.
Ehe ich mich versah, riss sie meine Bettdecke weg und fuchtelte mit ihren Händen an meinem Hinterteil herum.
Anschließend cremte sie den After mit irgendeiner Paste ein, ich denke mal, es war Vaseline.
Ich konnte gar nicht so schnell reagieren, oder mich wehren, so flink war sie bei der Sache.
Und schon hatte ich diesen Schlauch in meinem After.
Sie öffnete mit einer Hand den Wasserhahn, hielt den Eimer steil nach oben und ließ dann eine mir unbekannte Literanzahl dieser Flüssigkeit in mich hineinlaufen.
Ich wollte gar nicht glauben, was hier mit mir geschah.
Dann war sie endlich fertig mit dieser Einlaufprozedur, sie entfernte den Schlauch aus meinem Hintern und verließ dann leise eine Melodie pfeifend den Raum mit ihrem Eimer.
Einige Zeit später kam sie zurück, mit einer Plastikschüssel mit einer merkwürdigen Form in ihrer Hand, vorne sehr flach, hinten dick und breit, in der Mitte eine Mulde.
Das flache Teil vorne an der Schüssel erleichterte das Schieben unter meinen Hintern, die tiefe Mitte sollte meinen Stuhlgang auffangen.

Behutsam, sehr langsam und mit viel Feingefühl schob sie diese Schüssel unter meinen Hintern.
In meinem Bauch grummelte und bebte es schon laut und heftig, mir taten der ganze Unterleib und die Magengegend wahnsinnig weh.
Es war absolut unangenehm.
Und dann geschah es.
Wie bei einem Vulkanausbruch brodelte diese stinkende Masse aus mir heraus, diese Schüssel war viel zu klein und war auch nicht sehr gut platziert unter meinem Hintern, um dieses Volumen an Stuhlgang aufzufangen.
So musste es dann auch kommen.
Die ganze Entleerung des Darms erfolgte an dieser Plastik Schüssel vorbei, links und rechts von mir lief es am Bett hinunter, es war nicht aufzuhalten.
Diese Seifenlauge machte ihren wahren Dienst, sie löste wohl alles in meinem Darm auf.
Dann nach ungefähr dreißig Minuten, es kam immer noch schubweise aus mir heraus, war es beendet, mein Darm war entleert und ich zusätzlich auch noch erschöpft.
Aber die Reinigung von mir und meinem Umfeld dauerte noch lange.
Die anwesende Krankenschwester ging aus dem Raum und rief drei Kollegen von ihr zu Hilfe, die auch gleich dazukamen.
Sie hatten ein schmales Metallbett auf Räder dabei, so eine Art rollende Trage, aber mit einer leichten Mulde mit kleinen Löchern darin, sowie ein angeschraubtes Kopfteil daran.
Es erinnerte mich aber mehr an eine Metallwanne, die man früher beim Schweineschlachten im Dorf benutzt hat.
Es diente dazu, dass das Duschwasser ablaufen kann.
Ich weiß nur, jeder, der hier operiert wird, muss diesen Einlauf bekommen.
Sie stellten diese tragbare Wanne direkt neben mir an das Bett und wollten mich zusammen mit dem Betttuch darauf heben.
Mir wurde übel bei der Aktion, die sie da mit mir vorhatten, aber da musste ich mich wohl der Reinigungsmaßnahme beugen.

Als sie mich anheben wollten, fing ich laut und stark an zu schreien, wahrscheinlich mehr vor Angst, als dass es mir wehtun könnte.
Der Arzt bekam mein lautes Klagen auch mit und rief laut vom Flur aus irgendwelche Fremdwörter, die ich jedoch nicht verstanden habe.
Ich bin schon einiges der rumänischen Sprache mächtig, aber Dialekt oder Schimpfwörter kannte ich nicht alle.
Hier ist es üblich, dass beim Sprechen miteinander sehr viel mit unanständigen Wörtern geflucht wird.
Er kam in das Zimmer, stoppte diese Aktion, da er sah, dass es so nicht ging, und gab den Pflegern ein Handzeichen zum Warten.
Er ging wieder fort, holte etwas und gab mir eine Spritze in den Katheter am Arm, worauf ich sogleich einschlief.
Zwanzig Minuten später wachte ich wieder in meinem Bett auf, alles war wieder sehr sauber und rein, sowie mein Bett neu bezogen und gelüftete war auch.
Ich bekam eine schnell wirkende Narkose, die kurz hielt und auch in Deutschland bei einigen Untersuchungen, wie zum Beispiel der Magen-Darmspiegelung, angewendet werden.
Auf jeden Fall weiß ich nicht, ob der Doktor das eigentlich durfte oder auch nicht, da ich überhaupt kein erforderliches Papier unterschrieben hatte.
Es war mir aber recht und niemand fragte später nach irgendwelchen Paragrafen, den Rechten, Pflichten oder benötigten Papieren.
Alles war mit Sicherheit besser zu ertragen als diese auftretenden Schmerzen.
Ohne diese gute Idee mit dieser Spritze, ich weiß nicht, was geschehen wäre.
Es war mein erstes Bad oder meine erste Dusche nach neun Tagen, was mir sicher auch guttat, auch wenn es auf diese Art und Weise geschehen war.
Nun wurde die Operationsvorbereitung weiter umgesetzt.
Es sollte ein sogenannter Gammanagel in den gebrochenen Oberschenkel einoperiert werden.

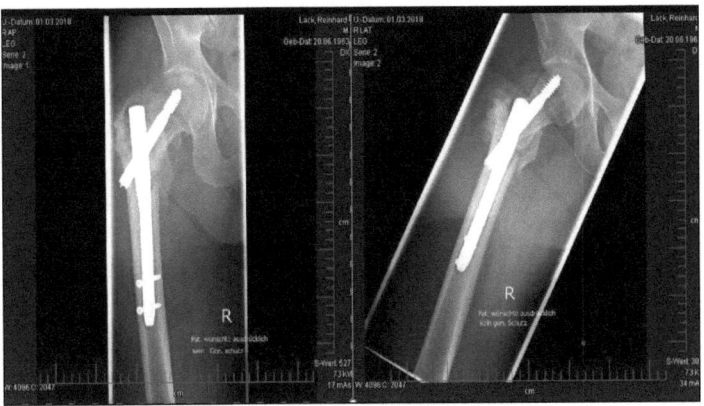
*Dieses Röntgenbild wurde in der BRD angefertigt.*

Im Laufe des Vormittags kam der zuständige Narkosearzt zu mir mit den nötigen Papieren.
Er erklärte mir alles erst in rumänischer Sprache, dann noch mal auf Englisch, was ich auch um einiges besser verstand und somit dann alle nötigen Papiere unterzeichnete.
Meine Frau kam dann auch sogleich dazu und übersetzte mir alles auf Deutsch.
In den Krankenhäusern hier ist es normal, dass die Patienten aus dem Bett auf eine Trage gehoben und dann in den Operationssaal gefahren werden.
Da man mich nicht wie geplant bei Bewusstsein halten konnte, legte mir der Anästhesist in meinem Krankenzimmer einen zweiten Venenkatheter in die Armbeuge.
Über diesen sollte die Narkose eingeleitet werden.
Er hatte eine fahrbare, ungefähr ein Meter hohe Sauerstoffflasche dabei, an der einige Utensilien befestigt waren.
Dann legte er mir eine Maske auf das Gesicht, drehte langsam den Hahn der Flasche auf und ich fing an, diesen Sauerstoff über diese Maske einzuatmen.
Sie stank fürchterlich nach Chemie und Gummi.
Anschließend legte er mir eine Manschette an den Arm und kontrollierte meinen Blutdruck.

Ich sah noch, wie zwei sehr große Männer in hellblauen Hosen und Hemden das Zimmer betraten und mich freundlich begrüßten.
Im nächsten Schritt spritzte er mir ein Narkosemittel, auf das ich sofort einschlief und erst wieder am nächsten Morgen aufwachte. Im Nachhinein hätte ich schon sehr gerne einmal den Operationssaal von innen gesehen, aber es war mit Sicherheit besser, dass ich vorher einschlafen konnte.
Denn was ich bei meiner Einlieferung in dieses Krankenhaus gesehen hatte, reicht mir schon an negativen Erinnerungen.
Die Operation war angeblich sehr gut verlaufen, so teilte man es mir mit, ich hatte jedenfalls überhaupt nichts mitbekommen.
Während des Aufwachvorganges nahm ich so einiges an lautem Stöhnen, Papiergeraschel und anderen merkwürdigen Geräuschen wahr.
Unter anderem meine ich, ein Schmatzen gehört zu haben.
Kurz darauf nahm ich sehr intensive Laute, auch einige sehr stark störende Unterhaltungen, wahr.
Ich hatte wahnsinnig pochende Kopfschmerzen und mir war so übel, dass ich das Gefühl hatte, mich übergeben zu müssen.
Ein Medikament dagegen verabreichte man mir nicht, sie hatten es nicht vorrätig, oder es war nicht in diesem Krankenhaus zu bekommen.
Es gab nicht viele Medikamente, die notwendig gewesen wären, besonders nicht hier im Krankenhaus oder in diesem Land. Diese mussten für sehr viel Geld auf einigen Schwarzmärkten oder von den Verwandten sowie Freunden oder Bekannten, die im Ausland leben, besorgt werden.
Ich wollte mich übergeben, würgte etwas, konnte es aber dann doch mit Mühe unterdrücken.
Ich wollte nur meine Ruhe und schlafen.
Ich wurde erneut in einen großen sehr hellen Raum, auch mit vielen Glühbirnen an der Decke, jedoch anders in der Bauweise meines ehemaligen Zimmers, gebracht.
Es war eine der Intensivstationen hier im Krankenhaus.
Nun konnte ich klare Gedanken fassen und alles genau erkennen.
Mir verschlug es die Sprache.

Was ich dort sah und erlebte, kann ich kaum in Worten oder Gefühlen ausdrücken.
Die Betten waren alle nebeneinander gereiht.
Bettenabstand schätze ich mal auf sechzig Zentimeter, es konnte gerade mühsam eine Person dazwischen durchlaufen.
Belegt waren alle Betten, die ich hier sehen konnte, gemischt von Männern und Frauen.
Wenn eines leer wurde, kam direkt jemand anderes hinein, egal, was für eine Art von Operation er hatte.
Es gab hier keine Geschlechtertrennung.
Ich drückte mein Kissen, oder was immer das auch war, unter meinem Kopf zusammen, damit ich etwas höher kam, um alles besser sehen zu können.
Die Leute hier hatten alle den gleichen Schlafanzug an, bereitgestellt vom Krankenhaus, erfuhr ich später.
Steril waren die unter Garantie nicht, genau wie alles andere, was ich sah.
Ich war zugedeckt mit einfachen weißen Bettlaken, meinen Kittel hatte ich nicht mehr an.
Neben mir lag ein Mann, der versuchte, sich mit mir über das Angeln zu unterhalten.
Ich hörte ihm kurz zu, konnte mit diesem Gespräch aber nichts anfangen und wendete mich von ihm ab.
Ich war immer noch etwas benommen, nicht richtig wach und schon gar nicht fit genug für eine Unterhaltung nach der langen Narkose.
Im übernächsten Bett war eine Frau, jede Menge Plastiktüten waren auf ihrem Bett verteilt, sie aß gierig und ließ sich dabei von nichts und niemandem stören.
Obwohl es ihr verboten war, die Pfleger und andere Personen hier redeten schon auf sie ein, aber sie reagierte nicht darauf.
Andauernd kam irgendein Krankenhauspersonal mit Tragen und brachten oder holten Patienten.
Es waren unglaublich viele wilde Aktivitäten hier am Gange.
Zwischen den essenden oder urinierenden Leuten oder Patienten hier wurden auch Patienten verbunden.

In der Mitte von jedem Gang, es waren mehrere hier, stand ein großer Eimer, wo benutzte Bandagen, verschmutzte Binden oder ähnliches hineingeworfen wurden.
Einen Deckel gab es keinen darauf.
War der Eimer voll, kam sogleich eine Reinigungsfrau, band ihn zu und transportierte ihn ab.
All dies geschah ohne irgendwelche Handschuhe oder andere Schutzmaßnahmen.
Alles, was hier in diesem Raum an Keimen oder Bakterien existierte, würde sich garantiert schnell ausbreiten können.
Hier und da wischte eine andere Reinigungsfrau mit einem Mopp und sehr streng riechendem Putzmittel, wahrscheinlich Chlor, schnell eilend hier durch.
Aber richtig putzen kann man es nicht nennen, mehr verteilen des Schmutzes nach links und rechts.
Eine Privatsphäre existierte hier nicht, man kann jeden sehen oder gesehen werden.
Hier und da spielten auch noch mehrere kleine tragbare Radios, die die anderen Patienten in ihren Betten hatten, durcheinander Musik, oder es waren einige Pfarrer am Predigen.
Ich war nur noch genervt von all dem, was ich hier sah, und beendete das Umherschauen, ich war schockiert genug, ich wollte hier so schnell wie möglich rauskommen.
Nun untersuchte ich noch mein Bein.
Mein Oberschenkel war dick verbunden, eine Saugglocke oder Drainage sah ich nicht, was normalerweise üblich ist nach Operationen dieser Art, zumindest in Deutschland.
Hier und da sickerte an einigen wenigen Stellen etwas Blut durch.
Schmerzen hatte ich keine.
In dieser Situation wurde es mir abwechselnd heiß und kalt, ich fing an zu schwitzen, ich wollte sofort raus aus diesem Raum, weg von all diesen stellenweise sehr schwer erkrankten Menschen.
Aber wie sollte ich das anstellen?
Ich rief nach einem Arzt oder Pfleger, der mich neu verbinden sollte.

Das war aber nicht so einfach, Sprachprobleme taten sich auf, so dachte ich jedenfalls.
Obwohl ich der rumänischen Sprache etwas mächtig bin, konnte man mich nicht verstehen, oder eher, man wollte mich nicht verstehen.
Es ging halt mal wieder um Schmiergeld, es war eine andere Abteilung, also musste man auch hier wieder bezahlen, was sich in den zweieinhalb Wochen Krankenhausaufenthalt öfter wiederholen sollte.
Selbst meine Ehefrau war schockiert, als sie zu mir kam, sie schimpfte und beschwerte sich lautstark über diese unglaublich miserablen Zustände hier und verlangte, dass ich sofort in ein normales Krankenzimmer verlegt werde.
Jeder hält hier die Hand auf, selbst der Aufzugführer.
Zahlt man etwas, fährt der Lift, zahlt man nicht, ist der Lift exakt genau dann defekt.
Nun gut, als meine Gattin sich nach all diesen Diskussionen mit diesen Leuten wieder beruhigt hatte, zahlte sie mal wieder erneut ein kleines Schmiergeld, jedoch nicht so viel wie auf der Station, wo ich zuvor gelegen hatte.
Umgerechnet zahlten wir für Ärzte, Operation, Narkose, Röntgen, Pflege, Reinigung, Parkplatz usw. ungefähr 2000 Euro Schmiergeld, wobei die ärztliche Behandlung und mein Bett noch von meiner Versicherung übernommen wurden.
Zum Glück bin ich im Besitz einer sehr guten und auch aktiven Auslandskrankenversicherung.
Nun bekam ich also meinen Verband gewechselt, die Wunde sah gut aus, an einigen Stellen drückte etwas Wundwasser oder Blut heraus, man legte etwas Watteähnliches auf die Wunde und verklebte es mit einer Art Isolierband.
Ein Verbandsmaterial, wie es bei uns in Deutschland gab, war hier noch nicht vorhanden, oder wie schon oben beschrieben, nur unter anderen Möglichkeiten zu bekommen.
Ich hatte jedoch verschieden große Pflaster, genannt „Omnifix", aus Deutschland bei mir zu Hause, die meine Frau nun gleich besorgen ging.

Ich versuchte, etwas zu schlafen.
Inzwischen fuhr sie nach Hause, holte sie und übergab es den hier anwesenden Krankenpflegern, die es auch sogleich bei mir anwendeten.
Nun brachte man mich endlich auf mein gewohntes Zimmer zurück, so dachte ich jedenfalls.
Aber ich sollte in ein neues Zimmer mit fünf Betten kommen.
Als ich in den Raum hineingetragen werden sollte, kam mir ein beißender Geruch entgegen, ich stand kurz davor, mich hier zu übergeben.
Ich bat laut rufend die Träger, sofort umzukehren, was sie auch taten.
Auf dem Krankenhausflur gab es dann erneut eine laute und sehr heftige Diskussion zwischen meiner Frau und den angestellten Personen.
Über diese Zustände hier war viel Diskussion nötig und wurde auch geführt.
Was immer in diesem Zimmer so beißend gerochen hatte, werde ich nie erfahren.
Meine Frau erreichte jedenfalls dann doch, dass ich in ein anderes Zimmer kam, es war auch ein Fünfbettzimmer, aber es erschien uns besser.
In meinem Bett waren drei dünne, ca. fünf Zentimeter dicke Matratzen übereinander aufgelegt und mit frischer Bettwäsche überzogen.
Bei jeder stärkeren Bewegung oder leichten Drehung rutschten die Matratzen auseinander und ich lag dann in einer Mulde, die sich gebildet hatte, so musste ich öfters das Pflegepersonal rufen, um diese Matratzen wieder in eine richtige Position zu schieben, was sie auch über mich lachend sofort erledigten.
Hier in diesem Zimmer war es zumindest besser, man konnte es aushalten, aber erbärmliche Zustände waren halt überall.
Ich besprach mit meiner Frau, was wir wegen diesen Matratzen tun könnten, so brachte sie mir am nächsten Tag zwei Rollen starkes Klebeband mit und gemeinsam mit dem anwesenden Personal verklebten wir die Matratzen.

Sie rutschten nun nicht mehr herum und ich lag schon bequemer in meinem Bett.

Ich lernte hier einen jungen Mann kennen, der sehr nett und offen in seiner Art war und sich hier in diesem Krankenhaus sehr gut auskannte.

Unter anderem hatte er sehr guten Kontakt zur Krankenhausküche, was uns dann hier und da mit einer Zulage in Form eines Desserts zugutekam.

Normalerweise bekommt man auch hier im Krankenhaus eine warme Mahlzeit am Tag, aber sehr oft war das Essen schon abgekühlt vom langen Transportweg.

Und es bestand täglich aus demselben hergestellten Essen.

Mama Liga (Polenta), ein gekochtes Maismehlpüree, wo obendrauf ein bisschen Bratensoße kommt, mit einem kleinen Stück Fleisch vom Huhn, was aber so klein war, dass man dafür kein Messer zum Schneiden brauchte.

Oder dieses Püree wurde einfach nur mit kalter Milch serviert, eigentlich sehr lecker, wenn man es nicht jeden Tag zu Gesicht bekommt.

Ich bekam aber täglich von meiner Ehefrau etwas Frisches an Obst gekauft oder von zu Hause etwas Leckeres zu essen mitgebracht, obwohl ich immer noch nicht viel gegessen habe.

Der zweite Tag nach der Operation.

Morgens stand wie immer ein Verbandswechsel an, zuvor jedoch die Visite des operierenden Arztes, der für mich zuständig war.

Der Arzt schaute nicht immer auf die Wunde, darin vertraute er dem Pflegepersonal, was auch die Pflaster täglich wechselte.

Ein anderer Arzt durfte mich nicht behandeln, jeder Arzt hat hier seinen Patienten, wofür ja auch mehr als genug bezahlt wurde.

Es sei denn, einer der Ärzte war krank oder anders verhindert.

An diesem Morgen war das erste Mal ein Physiotherapeut dabei.

Er half mir, mich an die Bettkante zu setzen, es war schon mühsam nach dem langen Liegen, aber ich sollte aufstehen und das Bein belasten.

Aber es war nicht so einfach, denn mein Kreislauf musste ja wieder in Schwung kommen.

Ehe ich mich versah, lag ich schon wieder auf meinem Rücken im Bett, zwar nur ein paar Minuten, aber ich konnte nicht so loslegen, wie er das wollte.
Mein Bein tat mir nicht mehr weh, zumindest nicht mehr der Knochenbruch, aber dafür sämtliche Muskeln.
Er hatte ein merkwürdiges Metallgestell dabei.
Der rumänische Name war Kadriu, ein Gehgestell.
Es war schon ziemlich angerostet, verbogen und stellenweise mit Bindedraht zusammengehalten.
Es war wie ein ovaler Rahmen mit Querstreben und vier Beinen, woran abgenutzte Gummistopfen angebracht waren.
Normalerweise waren an der oberen Rundung auch so eine Art Griffmanschetten angebracht, die waren aber sehr abgenutzt und auch mit Klebeband verklebt.
Hier und da fehlten ein paar Schrauben oder Schraubmuttern und das Gehgestell war stellenweise mit anderen Utensilien repariert.
An diesem Gestell sollte ich nun neu laufen lernen.
Gar nicht so einfach.
Bei mir wurden schon viele andere Operationen an meinen Füßen durchgeführt, die durch einen anderen Unfall vor ungefähr zehn Jahren passiert sind.
Aber so ein Gestell kannte ich nicht.
Ich hatte einige Zehen verloren und es hatten unter anderem die Achillessehnen durchtrennt und verlängert werden müssen, ansonsten hätte ich meine beiden Füße durch Amputation verloren.
Es erschwerte alles, was mit dem Gehen oder generell mit meiner Beweglichkeit der Füße zu tun hatte.
Schon seit diesem Unfall vor zehn Jahren waren Gleichgewichtsstörungen beim Laufen vorhanden.
Ich war beim Eigenhausbau in einen rostigen Nagel getreten und bekam dadurch über Nacht eine Blutvergiftung.
Damals war es jedoch einfacher, nach Deutschland zu fliegen und in ein Krankenhaus zu gehen, um mich behandeln zu lassen.
Es wurde damals auch schon ein dreimonatiger Krankenhausaufenthalt, den ich aber besser überstand als den jetzigen.

Aber zurück zu meinem Physiotherapeuten hier.
Der Blick auf dieses fragwürdige Gerät änderte alles, was ich über Physiotherapie oder andere medizinische Geräte gelesen hatte.
Ich blockierte komplett alle Handlungen hier, ich hatte nicht das geringste Vertrauen in dieses merkwürdige Gestell oder was auch immer es darstellen oder wie es mir sogar helfen sollte.
So wurde die erste Übung, die ich hatte, mit dem auf dem Bett sitzen beendet, da ich mich weigerte, dieses Gehgestell zu benutzen, was in Anbetracht meines schwachen Kreislaufs auch mehr als genug war.
Ich genoss dieses Sitzen im Bett so dermaßen, dass ich fast eine halbe Stunde sitzen blieb, ich hatte auch eine bequeme Position, legte mich dann aber wegen Erschöpfung wieder in das Bett zurück.
Dieser Tag war für mich beendet, ich las später noch etwas am Laptop oder genoss den Besuch von einigen meiner Freunde, die sehr oft zu mir kamen.
Am nächsten Tag kam wieder der Physiotherapeut, in Begleitung von zwei Helfern, sie hatten durchtrainierte Oberarme und waren generell von sehr kräftiger Statur.
Sie waren von der Statur her wie Arnold Schwarzenegger in jungen Jahren. ☺
Diese Angelegenheit ist zwar nicht gerade zum Lachen, brachte mich jedoch dazu.
Irgendwo beneidete ich sie auch für ihr sportliches und durchtrainiertes Aussehen.
Nun sollte ich mithilfe von Gehhilfen und den zwei Jungs unter Anleitung des Therapeuten beginnen zu laufen.
Einer stand links von mir, der andere auf meiner rechten Seite, sie halfen mir, aufzustehen, besser noch, sie hoben mich mit einer geschickten Art und Weise aus dem Bett und stellten mich neben sie auf den Boden.
Nun sollte ich losgehen, das war aber gar nicht so einfach, denn diese zwei Obelix-Figuren behinderten mich, indem sie mich so komisch festhielten.

Die Krücken fühlte ich nicht beim Laufen, ich bekam eher das Gefühl, dass diese zwei Jungs mich trugen, zumindest hatte ich mit dem operierten Bein keinen Fußbodenkontakt, dann wurde aber die Situation schnell geändert.
Sie ließen mich runter, standen aber weiterhin neben mir, um mich notfalls festhalten zu können, aber ich schaffte es, die ersten fünf Schritte auf Gehhilfen allein zu laufen.
Zwar sehr ängstlich und wackelig auf den Beinen, aber die ersten Schritte waren gemacht und die anfängliche Angst war überwunden.
Die zwei netten Helfer sah ich nach diesem amüsanten Morgen leider nie wieder.
Am Ende zufrieden und überglücklich lag ich wieder in meinem Bett und machte mir erste Gedanken zum Laufen ohne irgendwelche Gehhilfen.
Das sollte aber leider nicht eintreffen, wie sich sehr viel Zeit später herausstellte.
Nun waren schon wieder ein paar Tage vergangen.
Morgens kam der Physiotherapeut für fünf Minuten, zeigte mir ein paar Übungen für die Muskulatur, knetete meinen Oberschenkel, lief ein paar sehr wenige Schritte mit mir und das war es dann auch schon für den Rest des Tages.
Es war wieder mehr als genug Zeit für meine Familie oder Freunde da, oder wenn keiner da war, die Langeweile, Fernseher gab es hier überhaupt keinen, die wurden alle abgeschafft, da sich viele Leute und Patienten um das Fernsehprogramm gestritten hatten.
Wie gut, dass man mir einen Laptop mit Anschluss für eine Internetkarte vorbeigebracht hatte.
Aber Fortschritte in dieser Krankenhaus-Reha-Phase machte ich leider keine großen, da ich mich nicht so recht traute, ohne beistehenden Helfer zu laufen, es war schon alles sehr kompliziert geworden durch diesen damaligen und nun jetzigen Unfall.
Mittlerweile nahm ich auch telefonischen Kontakt mit meiner Auslandsversicherung auf, mit der Bitte, mich aus diesem Krankenhaus schnellstmöglich nach Deutschland in ein Krankenhaus zu verlegen.

Denn nun war es nach der stattgefundenen Operation gesundheitlich möglich, da mir eine Transportfähigkeit vom rumänischen Arzt bescheinigt wurde.

Nach mehreren Telefonaten mit der Versicherung wurde ein deutscher Arzt, auch extra aus Deutschland herkommend, zu mir hier in das Krankenhaus gesendet, der mich auch auf Transporttauglichkeit und Gesundheit überprüfen sollte.

Er kam auch gleich zwei Tage später am Dienstag den sechzehnten Juni 2017 zu mir.

Er stellte sich als mein begleitender Arzt für den Transport nach Deutschland vor und stellte mir sehr viele Fragen, unter anderem über die medizinische Behandlung, die ich bekommen hatte, was wohl nur für die Versicherung wichtig war.

Dann untersuchte er mich mit einem kleinen tragbaren Elektrokardiogramm, kurz genannt EKG, und führte die anderen typischen ärztlich notwendigen Schritte durch.

Als mein rumänischer Arzt dieses tragbare EKG sah, wich er ihm nicht mehr von der Seite.

Er unterhielt sich sehr lange von Kollege zu Kollege über mich und anschließend sehr lange über diese Technologie.

Zum Beispiel hielten diese Saugnoppen vom Krankenhaus eigenem EKG, was sicherlich schon den Zenit überschritten hatte, nicht mehr auf der Haut, sie wurden mit Klebeband oder einem langen elastischen Gummiband an dem entsprechenden Körperteil befestigt.

Es war eine absolut technische Neuheit, was die Ärzte und Angestellten hier auf dieser Station, oder vielleicht in dem gesamten Krankenhaus, zu sehen bekamen.

Es kamen auch zwei weitere Ärzte von anderen Unfallstationen dazu, die sich sehr dafür interessierten und es sich vorführen ließen, es war fast im Dauereinsatz an mir.

Einer dieser rumänischen Ärzte wollte diesem deutschen Arzt, ich habe leider seinen Namen vergessen, hier an Ort und Stelle das tragbare EKG abkaufen, er gab es aber nicht her.

Wieder mir zugewendet erklärte der deutsche Arzt dann alles, was ich für den Heimflug wissen musste.

Meine Auslandsversicherung genehmigte mir den Rückflugtransport.
Er verlangte vom zuständigen rumänischen Arzt, dass ich einen Blasenkatheter für den Heimflug gelegt bekommen müsse, angeblich Vorschrift der Fluglinien.
Mein zuständiger rumänischer Arzt verweigerte dies aber mit Hinweisen auf akute drohende Infektionsgefahr, auch mein Protest half nicht.
Erst nach einer längeren Diskussion gab der deutsche Arzt nach, verlangte aber eine tragbare Urinflasche für den Transport im Flugzeug.
Diesem Wunsch kam man auch sofort nach, er bekam eine neue, noch in Folie eingepackte Urinflasche und sie war versiegelt, sie wurde nie von mir oder jemand anderes benutzt.
Dann verabschiedete sich der Doktor, ging wohl in sein gebuchtes Hotelzimmer oder wohin auch immer bis zum nächsten Tag. So sagte er es mir jedenfalls.
Dann war es endlich so weit, ich wurde verlegt.
Am Morgen, noch vor dem Frühstück, während des Waschens, kamen auch schon drei Sanitäter mit einer Tragbahre.
Der deutsche Doktor war auch schon anwesend, er brachte noch einige der nötigen Papiere mit, die der rumänische Arzt auch noch an diesem Morgen ausfüllen musste.
Meine Frau, die schon weitaus früher bei mir war, packte meine wenigen Sachen, die ich hier hatte, zusammen in einen Rucksack, den ich bei mir tragen konnte.
Den Koffer mit meiner Kleidung hatte sie schon zu Hause vorbereitet und brachte ihn mit in das Krankenhaus.
Sie konnte leider aus beruflichen und familiären Gründen zu diesem Zeitpunkt nicht mit mir nach Deutschland kommen.
Aber sie kam einige Tage später nach.
Nun musste ich aber noch eine Windel anziehen, worauf der deutsche Arzt dann doch noch bestand.
Ich weigerte mich nicht, ich wollte nur noch raus hier, wollte nur noch eine andere Luft einatmen, nur noch etwas anderes als ein rumänisches Krankenhaus oder diese Armut hier sehen zu müssen.

Man half mir, mich auf die Tragbahre zu legen, und schnallte mich fest, dann ging es auch schon los.
Ich verabschiedete mich vom rumänischen Doktor, dem zuständigen Personal und alle anderen Personen, die ich hier kennenlernte und die gerade anwesend waren.
Dann ging es los.
Seitlich des Treppenhauses, in einem Vorraum, wo auch die Aufzüge waren, mussten wir bestimmt dreißig Minuten stehen bleiben, bis es uns möglich war, einen Lift zu betreten.
Hier war eine Vielzahl an Menschen, stehend, sitzend wartend oder herumlaufend, einfach jeden freien Platz blockierend.
Es war auch so eine Art Warteraum von den verschiedenen privaten Ärztepraxen, die hier ansässig waren.
Der Aufzugführer nahm uns nur mit wegen des Schmiergeldes, was er auch von meiner Frau bekam, ansonsten hätte man mich vier Stockwerke runtertragen müssen.
Selbst mein begleitender deutscher Arzt schüttelte nur den Kopf, wollte es nicht glauben, was hier für Zustände herrschten.
Für die hiesigen Bewohner Rumäniens ist dies gängige Praxis, jeder beschwert sich darüber, aber zahlen tun sie dennoch dafür.
Dann, nach einer kleinen Irrfahrt in den Fluren dieses Krankenhauses, kamen wir außerhalb des Gebäudes zum Krankenwagen.
Es war warm, sehr warm schon um diese Zeit am Morgen, sie verluden mich ordnungsgemäß und mit viel Vorsicht, dann fuhren wir auch gleich weiter zum Flughafen außerhalb von Bukarest.
Der Krankenwagen raste mit Martinshorn durch die Straßen der Stadt, aber es dauerte dennoch seine Zeit, wegen des starken Verkehres und der vielen unnötigen Blockaden der Autofahrer.
Angekommen am Flughafen, wurden wir von einem dortigen angestellten Sicherheitsmitarbeiter von der Hauptstraße zu einem Tor an der Seite des Terminals für Abflüge umgeleitet.
Diese Toreinfahrt ist nur für die Armee, Polizei, Krankenwagen oder Feuerwehr passierbar und war ziemlich stark abgesichert von einigen Sicherheitsleuten.
Nicht ein privates Auto oder Personen oder ähnliches haben hier zutritt.

Hier mussten wir einige Zeit warten, denn es wurden die ersten Polizei- und Sicherheitskontrollen an uns durchgeführt, während mein begleitender deutscher Arzt uns bei Lufthansa im Terminal am entsprechenden Schalter eincheckte.
Als der Arzt in Begleitung von einem Polizisten endlich zurück war, fuhren wir weiter zu einem speziell überdachten Haltepunkt oder Parkplatz.
Dort lud man mich aus dem Krankenwagen und stellte mich an der Seite neben den Krankenwagen auf einem extra gekennzeichneten Stellplatz ab.
Nun kamen zwei andere Polizisten mit einem Schäferhund dahergelaufen, der den Krankenwagen von innen und außen beschnüffelte.
Ein anderer Sicherheitsmann kam zu mir und tastete mich mit seinen Händen und einem Detektor ab.
Meinen Rucksack trug man in einen speziellen Raum in dieses kleine Gebäude, wo er wohl untersucht wurde.
Aber nicht richtig, wie sich später herausstellte.
Ich hatte ein Taschenmesser darin, was ich im Krankenhaus hier und da benutzte, es wurde übersehen, ich meldete es auch nicht an, da ich es selbst vergessen hatte.
Nach diesen Kontrollen verlagerte man mich wieder zurück in den Krankenwagen und nach einer Wartezeit von ungefähr einer Stunde ging es dann endlich weiter.
Gut, dass der Krankenwagen klimatisiert war, es war doch schon sehr heiß an diesem Morgen, erst recht auf all diesem Beton und Asphalt hier, wo wir standen.
In dieser Zeit unterhielt ich mich sehr gut mit diesem netten Doktor, der mich begleitete.
Er erzählte mir Geschichten von anderen Patiententransporten, die er schon durchgeführt hatte.
Dann konnte ich endlich in den Flieger verladen werden.
Es war eine Boeing 727 von Lufthansa.
Am Rollfeld angekommen, lud man mich wieder aus und stellte mich neben diese fahrbare Rolltreppe.
Es war brütend heiß hier auf dem Betonboden des Rollfeldes.

Dann kamen noch einmal zwei Polizisten, einer hatte in der Hand einen Detektor, oder wie immer auch man dazu sagt.
Er scannte erst erneut mich, dann noch einmal meinen Rucksack.
Ein lautes Heulen schrillte auf.
Er untersuchte den Rucksack erneut mit seinen Händen und fand dann das Taschenmesser.
Ich wusste, man darf solche Dinge nicht mit in den Flieger nehmen, aber ich hatte es halt ignoriert beim Durchsuchen am Haupteingang.
Der Polizist war nun doch sehr nervös, er funkte mit seinem Funkgerät herum, dann telefonierte er länger.
Dann kamen wieder diese Polizisten mit dem Hund und anderes Sicherheitspersonal.
Ich versuchte, ihnen zu erklären, dass ich einfach vergessen hatte, es rauszunehmen, war aber nicht möglich, es hörte mir keiner zu.
So kam es, wie es kommen musste.
Ich wurde wieder in den Krankenwagen eingeladen und zurück zum Eingangstor gefahren.
Und erneut wurde alles untersucht, diesmal noch gründlicher als beim ersten Mal.
Man half mir von der Trage auf, hielt mich fest, sodass sie mich im Stehen abscannen konnten.
Wieder liegend wurde ich erneut in den Krankenwagen verladen und mit Begleitung von zwei Polizisten zum Flieger zurückgefahren.
Man fand eh nichts mehr bei mir, was noch wichtig gewesen wäre.
Ändern konnte ich an dieser Situation sowieso nichts mehr, denn sie haben auch ihre Vorschriften und Regeln, die sie beachten müssen und auch beachten wollen.
Nach einer guten halben Stunde fuhren wir wieder zum Flugzeug.
Erneut ausgeladen und seitlich hingestellt, wurde ich auf eine schmale orangefarbige Schaufeltrage umgebettet und angeschnallt.
Dann hoben mich diese zwei Sanitäter an und trugen mich langsam diese angehaltene Rolltreppe hinauf in das Flugzeug hinein.

Um mich auf meinen Platz zu bringen, musste ich um eine Ecke gehoben werden, ich war aber zu lang und viel zu groß dafür.
Nun schleppte man mich rückwärts hinaus, die Rolltreppe wieder hinunter und stellte mich zurück auf die andere Trage auf den heißen Betonboden.
Die bestellten Techniker, zerlegten mit wenigen Handgriffen die Bordtoilette, die seitlich des Eingangs war, und stellten die Teile beiseite.
Diese Techniker stehen immer bei jedem Flugzeug, was anwesend und beladen wird, bereit.
Dann hat man mich erneut hinaufgetragen und auf meinem vorgesehenen Platz abgelegt, was nun ohne Probleme vonstatten ging.
Sechs Sitzplätze waren für mich zu einem kleinen schmalen Bett umgebaut worden, oberhalb dieser Sitze war eine Matratze auf einem Metallgestell befestigt gewesen.
Die Sanitäter legten mich behutsam mit dieser Schaufeltrage dort hin, klappten sie auf und entfernten sie, indem sie diese mittig auseinanderzogen, dann schnallten sie mich überkreuz an diesem provisorischen Bett an, verabschiedeten sich und verließen den Flieger.
Wenn ich meinen Kopf seitlich drehte, konnte ich beobachten, wie die Toilette im Flugzeug von dem Mechaniker sehr flink wieder zusammengebaut wurde.
Die anwesenden Stewardessen kamen gleich zu mir, gaben mir zwei kleine Kissen und einen Becher Wasser zum Trinken, ich hätte mehr bekommen können, aber wie sollte ich hier oben in der Enge pinkeln, wenn ich gemusst hätte.
Ich war schon sehr durstig, aber ich konnte es aushalten.
Mein begleitender Doktor hatte zwei Sitzplätze schräg gegenüber von mir, er konnte mich sehr gut beobachten von dieser Position aus.
Diese ganze Aktion mit Kontrolle sowie erneuter Kontrolle und Ab- und Aufbau der Toilettenanlage bedeutete eine Verspätung von fast fünfzig Minuten.
Einige Minuten später kamen dann auch die ersten Passagiere in den Flieger hinein.

Manche waren sehr verärgert über diese Verspätung, andere waren sehr nett zu mir und wünschten mir eine gute Besserung.
Die Passagiere mussten alle an mir vorbeilaufen, zumindest die der zweiten Klasse, da ich mich direkt am Anfang der Sitzreihen der zweiten Klasse befand.
Nachdem wir gestartet waren, fiel ich in den Schlaf und wurde erst kurz vor der Landung geweckt.
Wir landeten dann in Frankfurt am Main.
Dort stand schon ein Krankenwagen bereit, der mich zur Kontrolluntersuchung in einem deutschen Krankenhaus am Flugzeug abholte.
Zwei sportliche Männer, auch Sanitäter, kamen zu mir, auch mit so einer genannten Schaufeltrage.
Sie legten sie unter mich, befestigten die Sicherheitsgurte und trugen mich aus dem Flugzeug, ohne dass irgendwas an Mobiliar abgebaut werden musste.
Sie hatten wohl mehr Erfahrung in dieser Art Arbeit.
Das Einladen in den Krankentransporter verlief schnell und ohne Probleme.
Wir fuhren dann sogleich zügig über die Rollbahn los.
Das war schon großartig zu beobachten, all die kleinen und großen Flugzeuge, die hier standen, und ich wurde dazwischen herumgefahren.
An einem Seitenausgang des Flughafens warf ein Polizist einen kurzen Blick auf unsere Personalausweise und schon ging es weiter.
Nach einer ungefähr 25 Minuten langer Fahrzeit kam ich in der Unfallklinik Nähe Frankfurt an.
Es war alles so einfach hier.
Kein Müll, keine Unmengen an Menschen, was ich sah und empfand, war Ruhe.
Es waren jedoch einige größere Umbaumaßnahmen hier am Gange, die störten aber nicht.
Ich liebe das Land Rumänien sehr und mag auch sehr viele der Menschen dort, aber nicht das Krankenhaussystem, was dort herrscht und schon gar nicht diese überaus erschreckende Armut.

Nun kam ich in der Aufnahme des Krankenhauses an.
Diese zwei Sanitäter, die mich herfuhren, schoben mich mit einer für hier sehr modernen Krankenwagentrage in einen Behandlungsraum, halfen mir auf die dort stehende Behandlungsliege und füllten einige Papiere von diesem Transport für die Versicherung zur Abrechnung der Fahrt mit mir zusammen aus.
Dann verabschiedeten sie sich.
Es war so sauber alles hier, es machte mir Spaß, dies alles rund um mich anzusehen.
Dann kam eine Krankenschwester und nahm mit vier verschiedenen langen Wattestäbchen einige Abstriche an der Nase, im Mund, der Leiste sowie am After von mir ab, anschließend wurde ich zum Röntgen gefahren.
Nach einer sehr kurzen Wartezeit war ich schnell fertig mit Röntgen und wurde kurz danach wieder zurück in das Behandlungszimmer gefahren.
Eine andere Krankenschwester kam zu mir und ich musste alle meine Vorerkrankungen erzählen, was nicht gerade wenig waren, sowie, was man in Rumänien an medizinischer Versorgung geleistet hatte.
Diese notierte sie auf verschiedenen Papieren.
Dann half sie mir, mich umzuziehen, denn ich hatte noch immer diese Windel an.
Nun kam ein Doktor zu mir, der mich untersuchte, das Röntgenbild ansah und mir auch noch Fragen über diese Unfallgeschichte stellte und wie der jetzige Gesundheitszustand sei.
Es waren vielleicht zwei Stunden vergangen mit allen Fragen und Untersuchungen, da kam ich schon auf ein reserviertes Zimmer.
Leider auch mit vier Leuten belegt, aber mit jeder Menge Platz zwischen den Betten, mindestens drei Meter Abstand war vorhanden.
Dieses Krankenhaus war zudem noch eine Baustelle, alle Zimmer wurden nach und nach in Zweibettzimmer umgebaut.
Mit einem von diesen Zimmerkollegen freundete ich mich an.
War aber leider nur von kurzer Dauer.

Da es schon spät am Nachmittag war, bekam ich doch noch etwas zu essen, ich war auch sehr hungrig.
Im Flugzeug von Lufthansa hatte es nur einen Snack gegeben, einen Schokoriegel, den ich aber in der liegenden Position nicht essen konnte.
Nachdem das Tablett abgeräumt wurde, kamen noch zwei Krankenschwestern vorbei, die den anderen drei, die mit mir hier in diesem Zimmer lagen, ihre Medikamente reichten, die Bettwäsche gerade zupften und glätteten und nachfragten, ob sie noch etwas brauchten für die Nacht.
Gemeint war damit eine Schlaftablette.
Eine Krankenschwester verabreichte mir eine Thrombosespritze, gab mir eine Schmerztablette, für die Muskelschmerzen, die ich hatte, und verabschiedete sich für den nächsten Tag.
Ich schaute etwas Fernseher, jeder hatte seinen eigenen an seinem Bett befestigt mit einem Kopfhörer, den man geschenkt bekam.
Später rief mich noch meine Gattin auf dem Telefon an und wollte alles über den Tagesverlauf wissen.
Dann unterhielt ich mich noch etwas mit den anderen, die mein Telefongespräch mithören konnten und dadurch sehr neugierig waren.
Wir unterhielten uns bis tief in die Nacht, ich hatte ja viel zu erzählen.
Später am Abend kam noch die Nachtschwester und begrüßte uns alle, fragte auch noch einmal nach, ob wir etwas benötigten, und wünschte jedem eine gute Nacht.
Ich schlief auch schnell ein.
Dieses bequeme Bett und der Stress dieses Tages trugen ihren Teil dazu bei.
Der nächste Morgen startete auch gut.
Erst ein großartiges Frühstück, dann kam die Arztvisite, wo man mir sagte, dass die Operation in Rumänien wohl gut verlaufen war, aber dass mein Muskelaufbau länger dauern wird, als ich es mir erhoffte.
Dann kam ein Physiotherapeut zu mir, er hatte neue und größere Gehhilfen dabei, ich selbst hatte keine eigenen, die, die ich

benutzt hatte, waren das Eigentum des rumänischen Krankenhauses, ich hatte sie dalassen müssen.
Er stellte die Gehhilfen auf meine Größe ein und lief mit mir ein paar Schritte, wobei ich nicht so eine Angst hatte, es waren halt neue, stabiler, nicht so abgenutzte wie im Ausland.
Was ich brauchte, war eine gute und vernünftige Rehabilitation, um meine Muskeln wieder fit zu bekommen.
Dieser Physiotherapeut wollte sich zusammen mit einem Sozialdienstmitarbeiter darum kümmern.
Im Gespräch war eine drei bis vier Wochen lange Rehabilitation in Bad-Endbach.
Diese Leute wollten sich alle zusammen beraten und mir das Ergebnis in Kürze zukommen lassen.
Es gab schon wieder Mittagessen, die Zeit lief nur so davon, anschließend ereignete sich für den Rest des Tages nichts mehr.
Ich unterhielt mich mit dem neu gewonnen Freund fast den ganzen Tag, er hatte einen komplizierten Handbruch, der aber schon operiert war.
Zusammen mit der Krankenschwester unserer Station organisierte er einen Rollstuhl und ich fuhr mit ihm raus in den Park des Krankenhauses zum Spazieren.
Er lief langsam und schob mich vor sich her und wir unterhielten uns über Tausende von Themen.
Diese Gefühle, die in mir aufkam, kann keiner beschreiben, nicht mal ich.
Dieser sonnige Tag wärmte alles in mir auf und ich träumte davon, bald wieder laufen zu können.
Fehlanzeige.
Nach einer erneuten Nacht wurde ich sehr früh am Morgen geweckt.
Vermummte Krankenschwestern kamen in das Zimmer, man nahm meine Tasche, packte meine Sachen hinein, auch der Koffer wurde mitgenommen, sie lösten mein Bett von der Elektrik, es war ein elektrisch verstellbares Krankenbett.
Ich fragte, völlig überrascht, was denn los sei.
Die Antwort war kurz und knapp.

Ich hätte einen Keim und ich musste isoliert werden, kam in ein Einzelzimmer auf Quarantäne.
Die Krankenschwestern sprachen ab diesem Zeitpunkt nicht mehr so nett mit mir, ich wurde behandelt wie ein Aussätziger.
Diesen neuen netten jungen Mann sah ich auch nicht mehr, ich war wie in einer kleinen Gefängniszelle, das Zimmer durfte ich bis auf Weiteres nicht mehr verlassen.
Ich fragte, was ich denn für einen Keim hätte und was es bedeutet, ihn zu haben.
Die Antwort war diese:
Acinetobacter baumannii, carbapenem-resistant.
Am häufigsten wird A. baumannii im klinischen Alltag beobachtet, der oftmals Wundinfektionen, Lungenentzündungen und Meningitis verursachen kann. Bei A. baumannii ist mit Mehrfachresistenzen zu rechnen.
A. baumannii ist resistenter auf Antibiotika als die anderen A. Spezies. Carbapeneme – also Imipenem oder Meropenem – sind jedoch noch fast immer wirksam.
Häufig können auch Ampicillin, Piperacillin, Ceftazidim, Aminoglykoside, Doxycyclin und Fluorchinolone eingesetzt werden. Vaskuläre oder urethrale Infektionen, die katheter-bedingt sind, erfordern eine Entfernung des Katheters mit antibiotischer Behandlung.
Hatte ich so was wirklich? Woher hätte ich so etwas bekommen sollen?
Mir schwante Fürchterliches, das Krankenhaus in Bukarest, die Intensivstation, ich sah alles wieder vor mir.
Nun ja, ich wurde verlegt in ein kleines Einzelzimmer, acht Quadratmeter groß, maximal.
Eine kleine Toilette mit Waschbecken war vorhanden.
Zum Glück hatte ich WLAN und konnte das Internet benutzen.
Die Krankenschwestern oder einen Pfleger sah ich nur noch drei Mal am Tag, morgens, um zum Bett frisch zu beziehen und mir das Frühstück zu reichen, mittags für das Mittagessen und abends für das Abendessen.

Das Tablett des jeweiligen Essens stand bis zur nächsten Uhrzeit der Mahlzeiten neben mir und wurde im Austausch mitgenommen.
Dies geschah drei Tage im selben Rhythmus, dann kam ein Sozialarbeiter zu mir, brachte mir einen Rollstuhl, Gehhilfen und einen Gehbock, außerdem organisierte er für mich zu Hause ein Krankenbett und einen Toilettenstuhl, den ich aber nie benutzte.
Dann gab er mir meine Entlassungspapiere und sagte nur, ich könne nach Hause.
Einen Arzt für ein Abschlussgespräch sah und bekam ich nicht mehr.
Ich werde dieses Krankenhaus in der Nähe von Frankfurt nie vergessen, da es ein großer Teil meines Schicksals wurde.
Ich wurde aus diesem Krankenhaus rausgeschmissen wie ein räudiger Hund.
Ich habe zum Glück noch einen Wohnsitz in Deutschland.
Dann kamen zwei vermummte Sanitäter, die mir auch einen Kittel, Mundschutz und eine Kopfbedeckung aus Stoff gaben. Handschuhe musste ich sowieso tragen.
Anschließend brachten sie mich zu diesem Transportfahrzeug des Deutschen Roten Kreuzes.
Verabschieden konnte ich mich bei keinem Arzt oder Personal, ich bekam niemanden mehr zu Gesicht, sie versteckten sich wohl alle.
Es war schon ein sehr merkwürdiger Abschied.
So fuhr man mich an meinen vierundfünfzigsten Geburtstag nach Hause, in einen sehr schönen Ort nähe Gießen oder Wetzlar im mittleren Hessen.
Es war noch morgens, ungefähr zehn Uhr, als ich dort ankam.
Dort wartete schon ein kleiner Lastwagen mit Hilfsmitteln von einem orthopädischen Geschäft, so war die Aufschrift auf der Plane, was das Krankenbett und die anderen Sachen lieferte, die von diesem Sozialarbeiter des BG-Krankenhauses organisiert worden waren.
Erst brachte man mich in die Wohnung hinein, anschließend wurden die Hilfsmittel hineingetragen und das Krankenbett aufgebaut.

Dann verließen alle Personen sehr schnell das Haus.
Das Erste, was ich nun tat, war, meinen Hausarzt anzurufen und ihn zu bitten, einen Hausbesuch bei mir zu machen.
Am Nachmittag gegen fünfzehn Uhr kam er auch sogleich zu mir, mit spezieller Kleidung und vermummt.
Wir unterhielten uns dann einige Zeit, dennoch in einer Kurzfassung, über das, was bis dato geschehen war.
Dann nahm auch er mit diesen Teststäbchen Proben von mir an den gleichen Stellen wie vorher im Krankenhaus ab und sendete sie noch am selben Tag in ein Labor, mit dem er schon seit vielen Jahren zusammenarbeitete.
Er verabschiedete sich bis zum nächsten Tag mit dem Hinweis, dass frühmorgens eine Praxishilfe von ihm vorbeikommen würde, um eine Blutprobe von mir zu nehmen.
Sie war auch direkt um Punkt sieben Uhr bei mir.
Nun war ich erst einmal allein zu Hause und immer noch geschockt über diese merkwürdige Abschiebung.
Da meine Mutter auch im Krankenhaus lag, auch mit einigen sehr schweren Operationen hintereinander, war meine Stimmung sowieso nicht gut.
Der Besuch bei meiner Mutter mit längerem Aufenthalt von mir in Deutschland war zwar geplant, aber dieser unglückliche Unfall verhinderte dies.
Zum Glück konnte sich meine Schwester ausreichend um sie kümmern.
Ich durfte sie noch nicht einmal wegen dieses Keimes, oder des Verdachts, dass ich ihn hatte, besuchen gehen.
Ungefähr zwei Stunden später klingelte es erneut an der Haustüre.
Ich rollte in meinem Rollstuhl, da ich nicht so frei oder ohne Hilfe gehen konnte, zum Eingang, um zu öffnen.
Da war es, mein Geburtstagsgeschenk.
Meine Ehefrau hatte in Rumänien alles, was wichtig oder nötig war an Erledigungen, arrangiert, einen vertrauenswürdigen Vertreter für das Reisebüro organisiert und war zu mir noch frühmorgens nach Deutschland geflogen gekommen.
Früher als abgesprochen.

Sie wollte mich überraschen und konnte auch drei Wochen bleiben.
Nach der Begrüßung und einem Frühstückskaffee, bei dem ich ihr diese ganze Geschichte erzählte, ging sie dann zuerst einmal einkaufen und ich musste leider hier zu Hause warten.
Am Nachmittag backte mir meine Schwester einen Geburtstagskuchen und wir saßen dann zusammen, tranken Kaffee sowie einen Sekt und sprachen über alles, was in der Zeit nach dem Ausfliegen von Rumänien geschehen war.
Wir ließen den Tag mit einem Essenslieferdienst ausklingen.
Der Abstrich von meinem Hausarzt sollte in fünf Tagen im Labor fertig sein und solange durfte ich auch nicht das Haus verlassen.
Das Team von meinem Hausarzt organisierte einen Physiotherapeuten, der auch Hausbesuche machte.
Die einzige Bedingung war, wenn sie zu mir kämen, müsste ich meinen Körper mit Atemmaske, Schutzkittel, Plastikhandschuhen und Kopfbedeckung verhüllen, die Therapeuten vermummten sich ebenfalls komplett.
Des Weiteren musste ich Desinfektionsmittel kaufen und auch anwenden.
Diese Isolationsbekleidung war teuer und wir mussten das auch selbst bezahlen, da es über Rezept nicht bewilligt wurde, meine Krankenkasse übernahm nicht diese Kosten.
Die Therapeuten, jeden Tag kam ein anderer, kamen jeden Morgen für zwanzig Minuten zu mir, massierten meine Muskeln am Bein etwas, liefen ein paar Schritte mit mir, während ich die Gehhilfen benutzte, und verschwanden dann wieder.
Jeder von ihnen sagte dasselbe, dass durch diesen angeblichen Keim sie nicht länger bleiben konnten oder durften.
Nach jedem einmaligen Gebrauch wurde diese Isolationsbekleidung separat entsorgt, das heißt, wir mussten diese in einem Extraplastiksack verstauen und anschließend bei der Gemeinde am Bauhof zur Verbrennung abgeben.
Täglich kam mein Hausarzt zu mir, schaute nach meinem Bein, unterhielt sich etwas mit uns und vertröstete mich auf die Tage bis zum Eintreffen dieses Bescheides aus diesem Labor.
Er glaubte fest daran, dass ich diesen Keim nicht hatte.

Aber ich wurde schon in den Krankenhauscomputern als Patient mit Ansteckungsgefahr angeführt.
Es waren fünf sehr lange Tage, bis das Ergebnis dieser Bakterienuntersuchung endlich angekommen war.
Und siehe da, welch eine Überraschung, mein Hausarzt hatte recht. Diesen wohl sehr gefährlichen bakteriellen Keim hatte ich gar nicht, da kann nur eine Verwechslung stattgefunden haben, sagte er.
Man hat dennoch einen Keim bei mir gefunden, einen sogenannten 3 MRGN.

**Was sind multiresistente gramnegative Bakterien?**
Multiresistente gramnegative Bakterien (MRGN-Bakterien) ist eine Sammelbezeichnung für eine große Gruppe von verschiedenen Bakterien mit zum Teil unterschiedlichen Eigenschaften, die jedoch eines gemeinsam haben: Sie sind resistent, das heißt unempfindlich, gegen häufig eingesetzte Antibiotika. Unterschieden werden Bakterien, die gegen vier (4 MRGN) oder gegen drei (3 MRGN) bestimmte Gruppen von Antibiotika unempfindlich sind. Je nach Bakteriengruppe befinden sich die Keime im Magen-Darm-Trakt von Tier und Mensch oder auf der Haut; seltener im Nasen-Rachenraum, im Analbereich und auch in oder auf rohen Lebensmitteln. Resistente Bakterien treten besonders häufig dort auf, wo viele Antibiotika verwendet werden. Daher sind sie in den letzten Jahren zunehmend ein Problem bei der Behandlung von Krankenhauspatienten geworden. MRGN-Bakterien besiedeln inzwischen aber auch etwa fünf von 100 gesunden Menschen in der Allgemeinbevölkerung. Gesunde Menschen, die mit MRGN-Bakterien besiedelt sind, bezeichnet man als **MRGN-Träger**. Für diese stellen die Keime jedoch kein Problem dar, weil ein gesundes Abwehrsystem vor einer Erkrankung schützt. Eine Behandlung wird erst notwendig, wenn MRGN-Bakterien zum Beispiel von der Haut oder aus dem Darm in Wunden oder in die Blutbahn eindringen und eine **MRGN-Infektion** auslösen.

Mein Hausarzt vermutete jedoch auch, dass ich diesen bakteriellen Keim im Krankenhaus von Bukarest bekommen hatte.

Das Ergebnis war schon schlecht für mich.
Eine Rehabilitation konnte ich vergessen, jedenfalls, solange ich diesen oder irgendeinen anderen Keimerreger hatte.
Nun war guter Rat teuer.
Zwei Wochen hatten ich und meine Frau nun noch hier in Deutschland zusammen, bevor sie wieder zurück nach Bukarest musste.
Am nächsten Tag gingen wir erst mal zu meiner Krankenversicherung, um zu klären, was wir machen können wegen einer Rehabilitation.
Wir bekamen folgende Antwort:
Nicht eine Rehabilitationsstätte in Deutschland würde mich, solange ich einen bakteriellen Keim hätte, stationär aufnehmen. Erst mal musste ich diesen nervenden Erreger wieder loswerden, das wäre aber nur in einigen Spezialkliniken mit einem längeren Aufenthalt und dies unter Quarantäne möglich.
Oder diese Möglichkeit käme auch in Betracht und sie könnten mir folgendes Angebot machen:
Sie würden 85 % Prozent der Kosten von einem Rehabilitationsplatz in Rumänien übernehmen, da in diesem Land die bakterielle Versorgung mit Antibiotika oder Tests in Laboren dieser Art nicht amtlich registriert und durchgeführt werden würden.
Ich bekam eine Antwort, dass nur in West- und Mitteleuropa sowie den USA eine Keiminfektion so streng mit Isolation gehandhabt wird.
In Osteuropa gelte dies nicht.
Mit so einer Aussage hatte ich nie gerechnet.
Hier ging es nur um das Bezahlen der Rehabilitation, da sie im Ausland billiger ist, nicht um die Gesundheit des Menschen.
Es läge an mir, einen kostendeckenden Platz zu finden sowie einen Kostenvoranschlag bei der Versicherung einzureichen.
Sollte dieser Kostenvoranschlag annehmbar sein, dann würden diese vereinbarten Kosten auch bezahlt werden.
Dieses Versprechen bekam ich sogar schriftlich.
Wieder zu Hause zurück, informierten wir uns über das Internet, die ersten Eindrücke solcher Rehabilitationsinstitutionen waren sehr positiv.

Die Bilder sahen großartig aus und es waren auch sehr viele verschiedene Arten von Anwendungen dort beschrieben.
Erschreckend war, ich konnte mir gar nicht vorstellen, dass es in diesen Rehabilitationskliniken anders sein sollte als wie im Krankenhaus von Bukarest.
Je mehr wir uns andere Klinikbilder ansahen und darüber gelesen hatten, desto mehr stellten wir fest, dass diese Institutionen fast alle von türkischen Privatärzten betrieben wurden.
Die Institute, die vom rumänischen Staat gefördert und betrieben werden, waren nicht mal annähernd oder überhaupt so modern ausgestattet.
Wir machten telefonisch einige Termine zur dortigen Vorstellung und Besprechung nach unserer Rückkehr aus Deutschland aus.
Nun konnten wir uns noch die Zeit hier in Deutschland mit Stadtbummeln oder hier und da einen Restaurantbesuch mit im Sitzen im Rollstuhl widmen.
Meine Mutter lag auch noch im Krankenhaus nach ihrer schweren Operation.
Ich möchte aber nicht erzählen, warum, oder was sie hatte, es geht ihr jedoch mittlerweile wieder sehr gut.
Wir besuchten sie auf jeden Fall täglich und blieben einige Stunden bei ihr.
Einen Tag vor unserer Abreise wurde sie nach Hause entlassen und meine Schwester kümmerte sich sehr liebevoll um sie.
Am Morgen unserer Abreise rückte wieder der mittlerweile bestellte Laster des orthopädischen Geschäfts an, um das Bett und einige andere medizinische Pflegemittel abzuholen, sie waren nur ausgeliehen, bis auf den Rollstuhl und die Gehhilfen, die durfte ich erst mal für fünf Jahre behalten.
Nun flogen wir also am späten Nachmittag von Frankfurt am Main nach Bukarest zurück.
Es war alles ziemlich einfach mit dem Rollstuhl, nach dem Einchecken am Flughafen rief der Mitarbeiter des rumänischen Flugunternehmens Tarom einen speziellen Rollstuhlservice.
Dieser Service brachte mich durch alle Kontrollstellen am Flughafen ohne einen größeren Aufwand direkt zum Abflugterminal.

Der Einstieg in den Flieger und zu meinem Sitzplatz war auch ohne große Mühe mit den Gehhilfen möglich, da ich nun schon einiges an Gehtraining absolviert hatte.
Der Rückflug nach Bukarest verlief ohne Probleme und als wir gelandet waren, stand auch hier ein Mitarbeiter eines Behindertentransportes zur Verfügung.
Sie brachten uns genau wie in Frankfurt auch durch die Passkontrolle und anschließend zur Gepäckausgabe.
Im Wartebereich für ankommende Fluggäste warteten schon einige Freunde von uns, die mich und meine Frau nach Hause bringen wollten und es auch später machten, aber erst war noch einen Stopp in einem traditionalen rumänischen Restaurant angesagt.
Nun war ich wieder in meiner zweiten geliebten Heimat, zwar im Rollstuhl, aber irgendwo auch sehr glücklich.
Meine Frau machte noch eine Woche unbezahlten Urlaub und die wollten wir nutzen und fuhren am nächsten Tag ungefähr sechshundert Kilometer zum ersten Rehabilitationszentrum, das wir telefonisch um einen schnellen Termin gebeten hatten.
Und wie schon im Internet beschrieben, war es eine reine türkische Ärzteorganisation, welche das Rehazentrum unterhielt.
Es war alles sehr sauber und steril, sehr modern eingerichtete Zimmer mit Bad und Klimaanlage.
Es gab auch ein Bewegungsbad, was aber leider defekt war.
Nach der Führung in diesem großartigen Klinikum füllten wir alle nötigen Papiere für die Reha-Genehmigung meiner zuständigen Krankenkasse aus und sendeten diese sogleich nach Deutschland.
Ausgemacht war in Deutschland mit dem Versicherungsvertreter, dass ich die Zusage gleich als Antwort bekommen sollte.
In einem weiteren Gespräch verlangte dieser türkische Arzt eine Krankenakte aus dem deutschen Krankenhaus, wo ich zuletzt behandelt worden war.
Ich hatte jedoch selbst keine bekommen und gab ihm die Adressdaten des Klinikums in der Nähe von Frankfurt, mit der Bitte, sich diese Informationen dort selbst einzuholen.

Ein gesondertes Papier wegen Datenschutz unterzeichnete ich auch und so sollte eigentlich alles in Ordnung gehen.
Wir sollten uns in drei Tagen wieder bei ihm melden.
Da diese Rehabilitationsstätte in den Bergen der rumänischen Karpaten lag, buchte meine Frau ein Hotelzimmer in diesem Ort und wir blieben eine Nacht.
Am nächsten Tag, bevor wir wieder zurück nach Bukarest fahren wollten, schauten wir noch einmal in dem Rehazentrum vorbei, da wir doch noch einige wenige Fragen hatten.
Als wir das Gebäude betreten wollten, war dort ein Sicherheitsmitarbeiter, der uns aufhielt und in einen Warteraum begleitete.
Nach einer kurzen Wartezeit kam eine sehr elegant gekleidete ältere Dame zu uns, mit der Nachricht des Doktors, dass ich leider nicht hier behandelt werden könnte, da ich einen gefährlichen Keim hätte, und ich wurde aufgefordert, das Rehazentrum sowie die dazugehörigen Anlagen sofort zu verlassen.
Außerdem wurde es uns untersagt, diese in Zukunft, solange ich einen Keim hätte, zu betreten.
Jeder Widerspruch half nichts, ich bekam nicht diesen angebotenen Rehaplatz.
Also auch in Osteuropa galt das Gesetz: keine Keime.
Jedoch nur in Privatpraxen.
Das Krankenhaus in Deutschland nähe Frankfurt machte einen Eintrag in einem dieser Personal- oder Patientencomputer, der automatisch einen Alarm abgibt, wenn mein Name eingetippt wird.
Dies erfuhr ich durch ein Telefongespräch mit meinem Hausarzt.
Mein Hausarzt in Deutschland sagte mir auch, dass es eine längere Zeit dauern würde, bis dieser Eintrag wieder gelöscht werden würde und er könnte leider nichts machen, ihm wären in dieser Sache die Hände gebunden.
Und wie es nun kommen sollte, meine Versicherung verweigerte mir nun auch eine Rehabilitation im Ausland.
Von wegen, diese Aussage der Versicherungsmitarbeiterin, dass es in Rumänien keinen bakteriellen Keimtest gäbe, oder sich jemand darüber informieren würde.

Wir fuhren wahnsinnig enttäuscht zurück nach Bukarest.
Während der Heimfahrt versuchte ich öfters, mit meiner Versicherung telefonisch Kontakt aufzunehmen, aber diese Dame, die uns diese Informationen gegeben hatte, antwortete uns einfach nicht mehr.
Sie ließ sich entschuldigen und andere Mitarbeiter schieben mein Anliegen stets weiter.
Spät abends kamen wir wieder zu Hause an.
Mein Schwiegervater hatte Fleisch gegrillt, wir saßen noch gemeinsam etwas zusammen, haben gegessen sowie einen guten Hauswein getrunken, und uns über dieses Erlebte unterhalten.
Am nächsten Morgen klingelte das Telefon mit einer Nummer aus Deutschland, sie war mir unbekannt, aber ich antwortete.
Am Telefon war die Versicherungsmitarbeiterin.
Erst einmal entschuldigte sie sich bei uns, dass sie am Vortag nicht geantwortet hatte, und dann sprach sie über diesen Keim und die Reha.
Sie teilte uns mit, dass sich einige Gesetze in Europa wegen Gesundheits- und Sachversorgung geändert hätten und sie mir eine Reha nicht mehr versprechen könnte.
Im Gegenteil, sie nahm alles zurück, was sie mir auch schriftlich gegeben hatte, und sagte, ich bekäme auch hier in Rumänien keine Rehabilitation bezahlt, solange ich nicht keimfrei wäre.
Es sei denn, ich ginge in ein staatliches Rehazentrum, aber auf keinen Fall konnte ich das annehmen.
Nun war guter Rat teuer.
Wir haben für unser Geschäft, was wir hier in Rumänien nebenbei haben, einen Geschäftspartner, der Profifußballer bei Dynamo Bukarest war.
Sogar sieben Fußballspiele für die rumänische Nationalmannschaft hat er gespielt.
Er hatte sehr gute Kontakte zu Physiotherapeuten aus verschiedenen Sportvereinen, die auch privat zu einem nach Hause kommen würden.
Er machte ein Termin mit einem jungen Mann namens Vasile aus und zusammen kamen sie zu mir nach Hause.

Meine Frau unterhielt sich lange und intensiv mit ihm über meine Krankengeschichte und anschließend wollte er mir eine Probe seines Wissens und seiner Fähigkeiten geben.
Er massierte erst meine Oberschenkel, sodass sie etwas warm wurden, anschließend bewegte und dehnte und zog er mit sehr viel Geschick meinen Oberschenkel in verschiedene Richtungen.
Es war ein angenehmes Gefühl, aber auch mit leichten Schmerzen verbunden, was jedoch auszuhalten war.
Er machte dies dreißig Minuten und danach ließ er mich kurz an den Gehhilfen laufen, um zu sehen, wie ich mein Bein belaste.
Bei dieser Beobachtung gab er mir noch einige Tipps zur richtigen Haltung und seitlichen Bewegungen.
Wir waren einverstanden mit dem, was er tat und was er noch vor hatte, mit mir zu üben.
Es wurde ein guter und fairer Lohn für seine Arbeit ausgehandelt und er legte am nächsten Tag schon morgens los.
Er wohnte sogar in unmittelbarer Nähe, was viel Hin-und-her-Fahren einsparte.
Er kam zwei Mal täglich für je zwei Stunden zu mir und machte einen herausragenden Job.
Ich lernte durch ihn innerhalb von sechs Wochen fast beschwerdefrei und mit nur noch einer Gehhilfe das Laufen.
Ein ehemaliger sehr guter Nachbar und Freund, der leider viel zu früh verstorben war, konstruierte mir auch im Garten zwei Gymnastikbarren, woran wir sehr viel übten.
Nun fand ich langsam wieder in mein altes gewohntes Leben zurück, zwar mit Rollator und Gehhilfen, doch konnte ich meine Arbeit in den Parkkiosken wieder aufnehmen.
Unsere Angestellten vermissten mich auch schon sehr, denn wir führen unser Business sehr fair im Umgang mit ihnen.
Ich war sehr froh über den täglichen Rhythmus meiner Arbeit, dadurch wurde ich von den gesundheitlichen Problemen abgelenkt.
Plötzlich, aus heiterem Himmel, wie vom Blitz getroffen, konnte ich nicht mehr gehen.
Mein Bein war steif, wie gelähmt.

An meinem Oberschenkel bildete sich eine sehr große sichtbare Beule, die aber nicht schmerzte.
Man brachte mir meinen Rollstuhl, worin ich dann erst mal in das Haus rollte und mich in das Bett legte.
Zu einem Arzt in das hiesige Krankenhaus hier wollte ich nicht fahren, zu viele schlechte Erinnerungen, stattdessen riefen wir Vasile, den Physiotherapeuten, an.
Als er kam, untersuchte er mich und meinte, meine Muskeln wären sehr stark strapaziert worden und hätten sich verhärtet.
Des Weiteren sagte er, ich hätte sehr wahrscheinlich einen Bluterguss bekommen, den er auch fühlen konnte.
Ich sollte mich ein paar Tage ausruhen, dann würde es wieder gehen.
Nun gut, wie mir angeraten, hütete ich eine Weile das Bett oder im Wohnzimmer die Couch.
Draußen war es sowieso dauernd am Regnen und so kam mir diese ungewollte Pause ganz recht. Nach fünf Tagen wurde es mir aber zu langweilig und ich fuhr hinaus in den Garten.
Wir hatten drei Raummeter Birkenholz bekommen, die noch zerkleinert werden mussten.
Da es hier draußen auf meinem Parkplatz abgeladen war, holte ich mir ein Beil und eine Axt aus dem Schuppen, fuhr mit meinem Rollstuhl so nah wie möglich an den Holzberg heran und fing an, das Holz im Sitzen klein zu hacken.
Ich kam bei dieser Arbeit sehr schnell ins Schwitzen, das Wasser lief mir nur so den Rücken hinunter, aber da mir diese Arbeit so sehr gefiel, ignorierte ich das Schwitzen und machte einfach weiter.
Ich merkte auch nicht, dass es ziemlich kühl wurde, es war schon fast Ende November.
Ich zerkleinerte mehr als die Hälfte des Holzes, als mich dann jedoch meine Kräfte verließen und ich in das Haus zurückfuhr.
Ich humpelte unter die Dusche, trocknete mich ab und ging in das Bett, worin ich auch sehr schnell eingeschlafen bin.
Aufgewacht mit einem sehr merkwürdigen Husten und einem leichten Röcheln sowie völlig durchgenässt vom erneuten Schwitzen, entschied ich mich doch, zu einem Arzt zu gehen.

Wir gingen hier in Bukarest in eine Privatklinik, genannt die med. life Klinik, wo man mir die Lungen röntgte und mich untersuchte.
Das Ergebnis war zerschmetternd.
Ich hatte mir eine Lungenentzündung geholt.
Meine Ehefrau organisierte sofort einen Rückflug nach Deutschland, der auch gleich am nächsten Morgen stattfand.
In meiner bekannten Notaufnahme des Klinikums in Gießen wurde ich auch sofort stationär aufgenommen und sogleich mit Antibiotika und anderen Medikamenten versorgt.
Und wieder einmal ein Einzelzimmer, da der Verdacht war, dass ich einen Keim hatte.
Es wurde wieder ein längerer Aufenthalt, da bei mir nach mehr als einer Woche Klinik auch noch Tuberkulose diagnostiziert wurde.
Nach einer sechs Wochen langen Medikamentenbehandlung wurde ich dann endlich mit einem Koffer voller Antibiotika entlassen.
Diese Antibiotika musste ich noch acht Monate lang drei Mal täglich in verschiedenen Dosierungen und Stärken einnehmen.
Zusätzlich wurde ich auch beim Gesundheitsamt registriert.
Somit verbrachte ich Weihnachten und auch Silvester 2017 im Krankenhaus.
Durch das lange Liegen und die vielen Medikamente verbesserte sich auch mein Bein merklich.
Ich konnte zwar immer noch nicht gut laufen, aber die Bewegung allgemein war schon besser.
So flog ich nach Hause zurück, in dem Glauben, dass nun alles wieder gut werden wird.
Der Januar und Februar waren sehr kalt mit sehr viel Schnee, was dazu führte, dass Vasile, mein Physiotherapeut, eher selten zu mir kommen konnte.
So musste es auch kommen, meine Muskeln schwächten sich merklich ab, das ewige Sitzen im Rollstuhl schadete mir am ganzen Körper, ich hatte so gut wie keine Kraft mehr.
Zudem hatte ich auch nichts zu tun, um mich abzulenken, und die Langeweile fraß mich langsam aber sicher auf.
Ich ersehnte den Frühling, sodass ich wieder aus dem Haus konnte.

Täglich beobachtete ich intensiv, wie meine Beule am Oberschenkel sich veränderte, mal dicker, mal dünner, oder es veränderte sich die Farbe der Haut, mal braun, mal lila oder wieder normal an der besagten Stelle.
Aber Schmerzen an dieser Stelle hatte ich immer noch keine, selbst nicht beim Draufdrücken.
So verging die Zeit bis zum ersten Juli 2018.
Wir waren einige Tage vor diesem Datum in Deutschland angekommen, um einige Papiere auszufüllen und Arztbesuche zu erledigen.
Wir saßen gerade beim Frühstück, als meine Hose am Oberschenkel ziemlich nass wurde.
Ich wunderte mich schon etwas, aber als wir dort nachsahen, was los war, erschreckten wir uns schon, die mysteriöse Blase war aufgeplatzt und es lief eine eitrige Flüssigkeit heraus.
Sogleich fuhren wir wieder in das Krankenhaus nach Gießen, wir kannten uns ja nun schon gut aus.
Erneut wurde ich sofort durch die Notaufnahme stationär aufgenommen.
Es wurde zuerst geröntgt, dann sah es sich ein Arzt an.
Der Befund war, ich hatte eine offene bakterielle Fistel mit einer Entzündung im Oberschenkel, in Höhe des Gammanagels.
Mein Körper stieß diesen Gammanagel ab, selbst die Konterschrauben schwammen im Fleisch neben dem Knochen des Oberschenkels herum, sie drehten sich mit der Zeit aus dem Knochen heraus.
Diese Entzündung war durch Keime ausgelöst worden, die mit sehr großer Wahrscheinlichkeit bei der damaligen Operation im Bukarester Krankenhaus in mein Bein gelangt sind.
Dann hatten sie auf jeden Fall mehr als genug Zeit, um im Inneren des Knochens zu reifen.
Die Zeit drängte, da die Wunde offen war.
Ich sollte zwei Tage später operiert werden.
Wieder bekam ich ein Einzelzimmer, da ich mit offener Wunde und Bakterien nicht mit anderen Patienten zusammen in einem Zimmer liegen durfte.

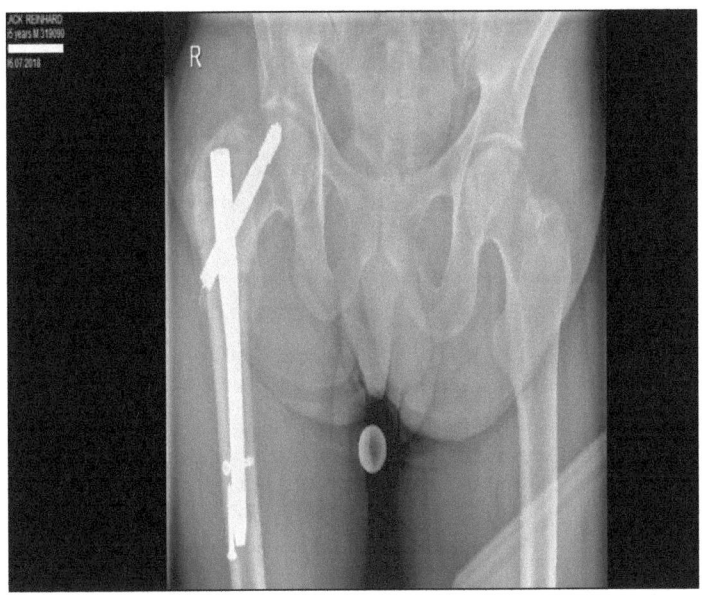

Es war die Station dreizehn, wo ausschließlich septische Patienten behandelt werden.
Hier verbrachte ich die ersten sechs Wochen in Quarantäne von diesen fast sechs Monaten Krankenhausaufenthalt.
Was auch interessant sein dürfte, im Computersystem von diesem Krankenhaus hier wurde kein Alarm ausgelöst, wenn mein Name aufgerufen wurde.
Was konnte man dazu noch sagen, hatte ich überhaupt damals vor fast zwei Jahren jemals diesen gefährlichen Keim? Hatte mein Hausarzt doch Recht damals?
Ich werde es wohl nie erfahren.
Die ersten zwei Tage waren nun vergangen, als eine Ärztin von dieser septischen Station, wo ich lag, zu mir in das Zimmer kam und mir mitteilte, dass meine OP zeitlich verschoben werden müsste, da zu viele Verletzte versorgt werden sollten, unter anderem schwere Motorradunfälle, die auf den Straßen in dieser heißen Sommerzeit geschehen würden, was nun absolut Vorrang hätte.

Ich stimmte zu, da ich es verstand und auch einsah, ich hatte ja sowieso keine andere Wahl, war aber dennoch danach ziemlich schlecht gelaunt.

Zwei Tage später bekam ich dieselbe Mitteilung eines anderen Stationsarztes sowie in Abständen von einigen Tagen noch drei Mal hintereinander, immer von einem anderen Arzt.

Sie trauten sich wohl nicht, mir das immer mitzuteilen, weil jedes Mal ein anderer Arzt kam.

Nun hatte ich auch jegliche Geduld verloren, ich erkundigte mich bei der Information des Krankenhauses, was man tun könnte.

Ich bekam dort eine Telefonnummer von der amtlichen Beschwerdestelle dieses Krankenhauses.

Dort rief ich sogleich an und ließ meinen ganzen Frust bei dieser Person, die meinen Anruf annahm, ab.

Danach passierte es.

Nach insgesamt acht Tagen Wartezeit wurde ich nun endlich doch operiert.

Erst kamen die Anästhesisten zu mir und klärten mich über alle möglichen Risiken und Reaktionen, was passieren könnte, auf, wobei sie auch einige Zeichnungen anfertigten, damit ich sehen konnte, was approximativ gemacht werden sollte.

Die Stationsschwester kam am Morgen zu mir und wollte mir eine Beruhigungstablette geben, die ich allerdings ablehnte, ich sagte zu ihr, dass ich dies alles mit klarem Kopf sehen möchte.

So bekam ich dann einen Operationskittel, ein Haarnetz sowie eine Art gestrickte Unterhose, die ich anziehen musste.

Es kam sogleich auch ein angestellter Patientenbegleiter, auch Bettenfahrer genannt, des internen Hol-und-Bring-Dienstes, der mich zu den Operationssälen in den Keller brachte.

Dort war eine sogenannte Schleuse, ein Sicherheitsbereich, wo keine anderen Personen als das Operationsteam Zutritt hat.

Man wird vom Bett auf eine fahrbare Trage umgebettet und anschließend in den Operationssaal gebracht.

Zuerst war ich in einem kleinen Vorraum, dort bekam ich ein EKG angelegt und ein Überwachungsmonitor wurde angeschlossen.

Ich bekam eine Sauerstoffmaske auf das Gesicht gelegt und sollte langsam bis zehn zählen, dann weiß ich nichts mehr und ich schlief ein.

Ich wachte nach der Operation irgendwann am späten Abend wieder auf der Intensivstation auf.

Dort erfuhr ich von dieser Operation, was alles genau gemacht worden war, es war fast identisch mit den Angaben des Anästhesisten.

Man hatte mir erst den alten Gammanagel entfernt und mir anschließend eine medizinische Antibiotikumkette in den Knochen hineingelegt.

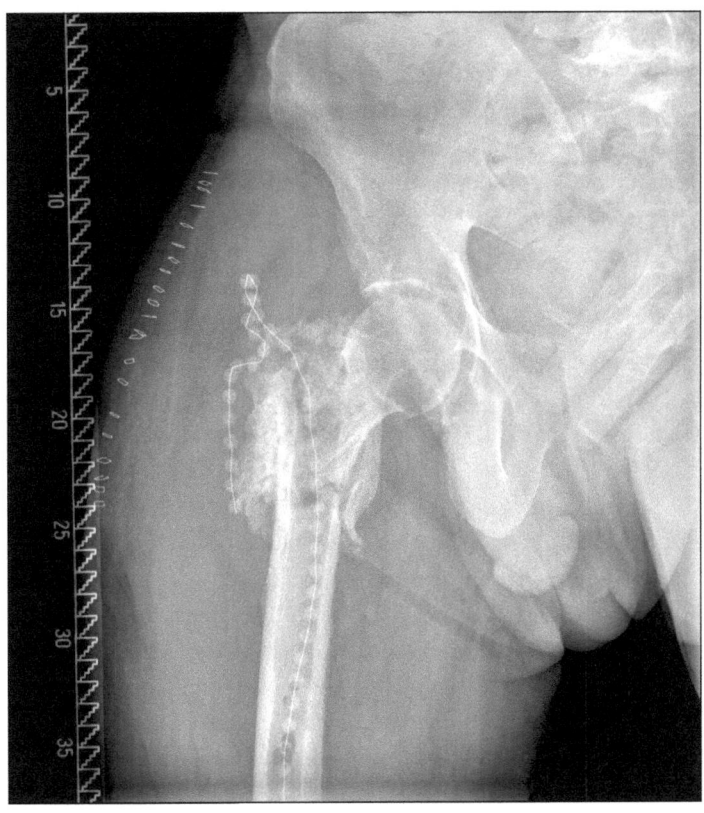

Diese Antibiotikakette musste mindestens zehn Tage darin bleiben, da sie erst dann ihre Wirkung zeigte.
Am Hals hatte ich nun eine sogenannte Drei-Wege-Braunüle oder besser gesagt eine Venenverweilkanüle, sie diente dafür, um mir Blut abzunehmen oder auch sämtliche Infusionen daran anzuschließen und durchlaufen zu lassen.
Dadurch musste ich nicht ständig an den Armen neu gestochen werden, um eine neue Braunüle gelegt zu bekommen, diese Braunülen hielten nicht lange bei mir, da meine Venen ständig platzten.
Auf der Intensivstation war ich nur, weil ich beim Operieren viel Blut verloren hatte und man mir zwei Liter Spenderblut verabreichen musste.
Nach einem Tag und einer Nacht kam ich dann zurück auf mein Zimmer.
Mein Bein durfte ich nicht belasten, da die Bruchstelle noch mehr geöffnet wurde, um diese Antibiotikakette einzubauen.
Ich war aber ziemlich naiv, versuchte dennoch, mit den Gehhilfen das Bein in der Luft haltend, mich vorwärtszubewegen, aber das Kräfteverhältnis sowie mein Kreislauf machten dabei nicht mit.
Mir wurde schwindelig und ich sackte zusammen.
Nach lauten Rufen, ich kam ja nicht an die Klingel heran, kamen zwei Krankenpflegerinnen, die mir schnell in das Bett zurück halfen.
Auf dieser Station, wo ich war, waren damals nur weibliche Pflegekräfte.
Sie schimpften dann auch heftig mit mir, weil ich es allein versucht hatte, obwohl sie mich davor gewarnt hatten, womit ich ihnen auch recht geben musste.
Ich entschuldigte mich in Form einer Pizzabestellung.
Die Schwestern und Pflegerinnen waren bei der Lieferung überrascht, denn sie wussten nichts davon und freuten sich darüber.
Von nun an war Bettruhe für die nächsten zwei Tage angesagt, wieder einmal mit Bettpfanne und Urinflasche.
Erstaunlicherweise hatte ich fast keine Schmerzen, weder von der Operation noch von diesem versuchten Laufversuch.

Mir wurde dann jeden Tag die Wunde kontrolliert und selbstverständlich gereinigt und neu verbunden.
Vier Mal täglich bekam ich eine Antibiotikainfusion mit einer sehr starken Dosis und den Rest der Zeit verbrachte ich mit fernsehen oder am Laptop sitzend und mit meinen Freunden chattend.
Zwischen den Infusionsgaben fuhr ich auch mit dem Rollstuhl im Krankenhaus herum und erkundigte alle Etagen sowie Gänge, natürlich nur dort, wo es auch erlaubt war.
In der Cafeteria war ich schon Stammgast, dort fühlte ich mich auch gut, obwohl es eine sehr teure Angelegenheit wurde.
Zumindest der Kaffee war um einiges besser als auf der Station, wofür ich aber nicht das Personal beschuldigen möchte, mir schmeckte die Kaffeemarke nicht.
Nach zwölf Tagen kam dann die zweite Operation.
Es wurde aber diesmal nur diese Antibiotikakette im Knocheninneren ausgetauscht.
Wieder derselbe Vorgang wie bei der ersten Operation.
Erneut einen Tag auf der Intensivstation, vier Blutkonserven und einige Liter an Infusion mit Wasser.
Alles wieder für ungefähr weitere zehn bis zwölf Tage.
Das Einzige, was sich an diesen Tagesabläufen geändert hat, es kamen morgens immer für eine halbe Stunde Physiotherapeuten zu mir in das Zimmer.
Ich bekam Massagen oder einiges an guten Bewegungsmöglichkeiten, um die Muskulatur zu stärken.
Es wurde zum Beispiel ein Gummiband am Vorderrahmen des Bettes befestigt, woran ich in verschiedene Richtungen ziehen konnte.
Mal waren es Physiotherapieschüler, die zu mir kamen, aber hin und wieder auch Profis, die schon einige Jahre in diesem Klinikum arbeiteten.
Ein Profi davon war Ekatarina, eine großartige Person mit viel Wissen und sehr großem Talent in ihrem Beruf.
Ich konnte es morgens nicht abwarten, sie täglich zu sehen, allein die Unterhaltungen mit ihr gaben mir enorm viel Kraft.
Sie wusste, wie man Menschen auch psychisch wiederaufbauen konnte.

In all dieser langen Zeit, die ich hier verbringen musste, verdanke ich ihr sehr viel, allein schon für die Geduld, die sie einem entgegenbrachte.
Sie fand auch auf den Krankenhausfluren, wenn man ihr begegnete, immer warme und nette Worte.
Am Ende meines Krankenhausaufenthaltes bedankte ich mich bei ihr persönlich mit einem Blumenstrauß, einer Packung Schokolade sowie zwanzig Euro.
Es war mir eine sehr große Ehre, sie kennenlernen zu dürfen.
Auch die nächste OP, die dritte hintereinander, brachte noch immer kein neues Ergebnis.
Es wurden Laborproben genommen und untersucht.
Noch immer waren dort Restkeime vorhanden, also wurde erneut die Wunde ausgespült und gereinigt, sowie eine dieser Antibiotikaketten eingelegt.
Diesmal kam ich nicht auf die Intensivstation, da dort kein Platz frei war, sondern in mein gewohntes Zimmer zurück, dort schlief ich dann auch sehr schnell tief und fest ein, da ich die Nachwirkungen der Narkose immer noch spürte.
Mitten in der Nacht wachte ich auf und bemerkte etwas Feuchtes und Klebriges im Bett.
Ich klingelte nach der heutigen Nachtschwester Sabine, so war ihr Name, sie kam dann umgehend zu mir.
Als sie daraufhin mein Bein betrachtete, bemerkte sie, dass durch diese dicke spezielle grünfarbige sterile Operationsbandage, die man nur in den Operationssälen nach frischen Operationen angelegt bekam, das Blut langsam hindurch floss.
Mit einigen weiteren Mullbinden und anderen Verbänden deckte sie die frisch verbundene Wunde ab und es kam zu einem vorübergehenden Blutungsstillstand.
Sie wollte die alte Bandage nicht entfernen, da es eventuell zu einer noch stärkeren Blutung kommen könnte und ich wieder in den Operationssaal gemusst hätte.
Aber ich musste sie leider noch öfters herbeirufen, da es doch immer wieder leicht herausblutete und mein Bettlaken jedes Mal sehr schmutzig wurde.

Insgesamt überzog sie in dieser Nacht allein mein Bett viermal neu.
Mein Bein war so dick bandagiert, dass es fast aussah wie ein großes Kissen, aber frühmorgens um ungefähr fünf Uhr hatte sie alles dann doch im Griff.
Sie meinte zu mir morgens um sieben Uhr, als sie das letzte Mal noch kurz bei mir reinschaute, dass sie so eine harte Nachtschicht schon sehr lange nicht mehr gehabt hatte, denn einige andere Patienten hatten auch dauernd nach ihr geklingelt.
Zur morgendlichen Visite gegen neun Uhr wurde diese Riesenbandage aufgewickelt, entfernt und der Stationsarzt setzte noch zwei Klammern in die Wundnaht hinein.
Er machte dies ohne eine Betäubung, denn ich hatte noch nicht kein Gefühl in meinem Bein, es geschah auch alles ohne Schmerzen.
Die Wunde nässte nicht mehr und so bekam ich ab dem nächsten Morgen nur noch ein sehr großes Pflaster darauf geklebt.
Und wieder das gleiche Szenario, Tag für Tag warten auf Besserung des Gesundheitszustandes.
Täglich kamen wieder die Physiotherapeuten und machten einige verschiedene Übungen mit mir.
Oskar, ein Physioschüler, machte sogar ein Interview mit mir über mein Befinden und die Anwendungen der Physiotherapeuten, die bei mir durchgeführt wurden.
Er dokumentierte alles sehr genau und ich gab ihm sehr gerne alles an Informationen, die er dafür benötigte.
Weitere vierzehn Tage vergingen, dann kam ein damals hier arbeitender Professor persönlich zu mir.
Er teilte mir mit, dass dieser neue Gammanagel speziell versilbert werden müsste, da dadurch keine Keime anhaften könnten.
Diese Prozedur würde allerdings ungefähr drei Wochen dauern, da diese Konstruktion sehr schwierig und zeitaufwendig wäre.
Außerdem waren noch einige Feiertage dazwischen, was die Lieferung des Teiles auch noch beeinflussen würde.
So musste ich also wieder eine sehr lange Zeit mit warten, Fernseher schauen, am Laptop sitzen oder auch nur im Krankenhaus herumfahren überbrücken.

Zum Glück war meine Frau wieder ein paar Tage bei mir zu Besuch, dadurch konnten wir mit dem Rollstuhl auch mal für einen Tag das Krankenhaus verlassen, um in der Stadtmitte etwas bummeln und anschließend noch essen zu gehen.
Es tat richtig gut, nach so einem langen Klinikaufenthalt mal etwas anderes zu sehen und zu riechen.
Dann endlich, nach langen vier Wochen, war es so weit.
Die vierte Operation stand nun endlich an.
Erst wurden diese Antibiotikaketten entfernt und anschließend sogleich dieser neue, extra versilberte Gammanagel eingesetzt.

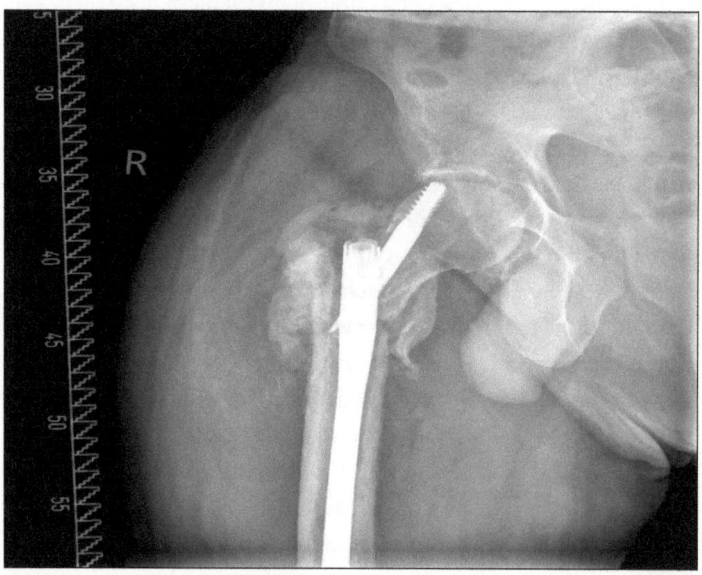

Ich musste wieder zwei Tage auf der Intensivstation verweilen, da ich erneut bei dieser Operation sehr viel Blut verloren hatte. Der normale Blutwert bei Männern liegt bei zwölf bis vierzehn. Ich hatte allerdings nur noch einen Wert von sechskommaacht, dadurch musste ich erneut zwei Liter Spenderblut bekommen.

Ich erfuhr später von einer Stationsschwester, dass ich auch während dieser Operation einiges an Spenderblut bekommen hatte, da ich bei der Operation wieder viel Blutverlust hatte.
Eine genaue Literanzahl konnte sie mir nicht nennen.
Bei dieser Art von Operationen am Oberschenkel wird generell mit hohem Blutverlust gearbeitet, da im Inneren des Oberschenkelknochens das meiste Blut für den menschlichen Körper produziert wird.
Zurück in meinem Zimmer, bei der nächsten Visite, bekam ich gesagt, dass ich das Bein mit zwanzig Kilogramm belasten dürfte, aber das war gar nicht so einfach, wie sollte ich zwanzig Kilogramm denn überhaupt abschätzen.
So lief ich, mit der Physiotherapeutin und einem sogenannten Taurus, ein fahrbarer Lift mit Armstützfunktion, immer einige Meter, täglich jedoch auch mehr, im Krankenhausflur auf und ab.
Der Taurus ist wie ein kleiner Gabelstapler, jedoch nur für Patienten, nicht um Waren anzuheben.
Man legt die Arme auf zwei Lehnen und dann kann man mit einem Finger an der Seite einen Knopf betätigen, der den Taurus langsam in die Höhe fährt.
Dadurch, dass die Arme aufgelegt sind, hat man einen guten und sehr sicheren Halt und steht auf den Beinen.
Man konnte diese Maschine so einstellen, dass ein Bein nur mit diesen vorgeschriebenen zwanzig Kilogramm, oder auch mehr, je nach Bedürfnis der Patienten, belastet wird.
Die Physiotherapeuten hatten auch noch andere sehr gute Trainingsgeräte, welche aber auf den anderen Stationen im Krankenhaus verteilt waren und auch dort genutzt wurden.

Einmal die Woche kam der Stationsarzt mit einigen Studenten zu einer speziellen Visite.
Einige ist echt untertrieben, hier und da waren es schon mal zwanzig Personen in diesem kleinen Zimmer.
Erst stellte er meine Person vor, dann erklärte er den Studenten, was ich für medizinische Probleme hatte und was bisher an Pflegeleistungen erbracht wurden, sowie wie und wann die medizinischen Operationen erfolgten.

Anschließend wartete er auf Fragen der Studenten.
Aber diese Fragen waren sehr wenige oder oft gar keine, sodass diese Visite immer schnell vorbei war.
Ich hatte sogar den Eindruck, dass die Studenten sich langweilten, sie gähnten heimlich hinter vorgehaltener Hand, aber ich wusste, dass sie an diesen Visiten teilnehmen mussten.
Und für mich war es eine kleine Ablenkung vom Alltag.
Fünf lange Tage waren nun wieder vergangen, da veränderte sich meine Haut rund um die Wundnaht.
Viele kleine Pickel kamen auf und es fing enorm an zu jucken, sodass sich ein Arzt dies anschaute, aber zum Glück entwickelte ich nur eine Pflasterallergie, die mit Fenistil-Creme schnell beseitigt wurde.
Jeden Tag sollte ich mehrmals mit den Physiotherapeuten das Gehen an den Gehhilfen üben, aber es fiel mir sehr schwer, das Bein zu belasten.
Ich hatte sogar das Gefühl, dass es hin und her wackelte, und leichte Schmerzen hatte ich auch dabei.
Nach mehreren Beschwerden bei den dafür zuständigen Ärzten, die mich operiert hatten, schickten sie mich dann erneut zum Röntgen, sowie zu einer Magnetresonanztomografie, kurz auch MRT genannt.
Bei dieser Untersuchung entdeckte man, dass der Gelenkkopf in der Hüfte von den vielen Bohrungen für den Gammanagel zu sehr beansprucht worden war, der Gelenkkopf war nicht mehr stabil genug, um diese Konterschraube zu halten, und der genannte Kopf war entzweigebrochen.
So hatte ich für ganze acht Tage einen sehr teuren, versilberten Gammanagel im Wert von weit über zehntausend Euro in meinem Oberschenkel.
Erneut eine Operation war nötig.
Erneutes Warten auf einen freien Operationsplatz.
Erneut die alte Geschichte von den vielen Wochen zuvor.
Ich hatte so die Nase gestrichen voll von dieser Monotonie während dieses Krankenhausaufenthalts.
Der Gammanagel musste wieder herausoperiert werden, inklusive des Gelenkkopfs und ein sogenannter Spacer, oder auch genannt Platzhalter, wurde an der Stelle des Gelenkes eingebaut.

Den Silbernagel bekam ich nach der Operation vom Operateur oder Chirurg als Geschenk mit nach Hause, denn es konnte niemand anderes damit etwas anfangen.
Er war eingepackt in eine Klarsichthülle und war desinfiziert.
Das Konterstück des Gammanagels war aber nicht dabei, es wurde in das Labor eingesendet, um es nach etwaigen Keimen oder Bakterien zu untersuchen, um herauszufinden, warum mein Körper den Nagel abgestoßen hatte.
Auf diesem Röntgenbild sieht man den Spacer bzw. Abstandhalter.
In der Cafeteria war ich immer noch Dauergast und in meinem Zweibettzimmer lernte ich dauernd neue Leute kennen.
Mal einheimische, mal ausländische Mitbürger, aber alles in allem kam ich mit all den Leuten schon gut zurecht.
Nur die Unterhaltungen mit den arabischen Personen fiel mir schwer, da ich kein Arabisch kann.

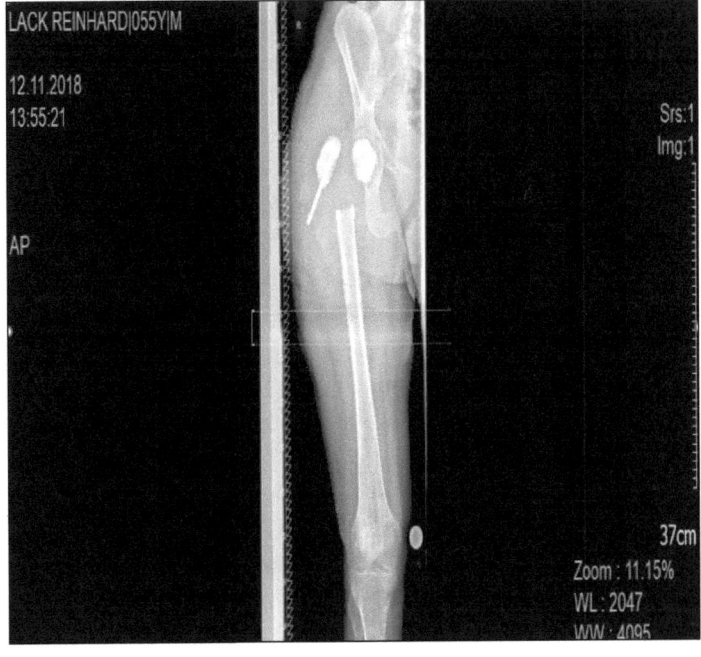

Die Hüftprothese, die ich bekommen sollte, musste auch wieder erst bei einem speziellen Unternehmen bestellt werden.
Vorher wurden noch spezielle Röntgenaufnahmen und das Bemessen der Hüftgröße gemacht, nun musste ich noch einige Tage bis zur sechsten und hoffentlich letzten Operation warten.
Es waren aber auch wieder zwei Wochen Wartezeit angesagt, zudem kam noch, dass ich das Bein überhaupt nicht belasten und erst recht nicht darauf laufen konnte oder durfte.
Der Oberschenkel wurde nur durch Muskeln und Sehnen am Becken gehalten.
Der Abstandhalter diente nur dazu, dass sich kein Fleisch oder anderes Gewebe an der Stelle, wo der Knochen entfernt wurde, neu bilden konnte.
Mir blieb dadurch keine andere Möglichkeit, als den Rollstuhl zu benutzen.
Ich saß täglich im Flur auf unserer Etage im Rollstuhl herum, um mit irgendjemanden zu sprechen oder auch nur neugierig andere Leute zu beobachten.
Es waren schon ein paar sehr nette Leute dabei, die ich kennenlernte und mit denen ich auch etwas zusammen unternahm in Form von Spazierfahrten oder auch Kaffee trinken in der Cafeteria.
Sehr oft habe ich auch ein Essen von einem auswärtigen Restaurant bestellt, da die Krankenhauskost nicht mehr zu ertragen war. Wenn ich das Essen gerochen habe, war ich schon bedient, denn all die Monate wechselte das Essen im vierzehntäglichen Rhythmus.
Was es eine Woche lang zu essen gab, bekam man in vierzehn Tagen wieder eine Woche lang.
Ich war nun schon lange aus dem Einzelzimmer heraus, zusammen mit einem Leidensgenossen teilte ich mir nun ein anderes Zimmer.
Er war sehr nett und wir führten viele großartige Gespräche, aber wehe die Nacht brach herein, ein Albtraum ohne Ende.
Er schlief sehr schnell ein und schnarchte so laut, dass man es sogar durch die geschlossene Tür von außen hören konnte.

Da er so vollgepumpt mit Schmerzmittel und anderen Medikamenten war, brachte es auch nichts, ihn aufzuwecken.
Neben ihm zu liegen war absolut unmöglich, selbst wenn ich mir Kopfhörer aufsetzte und laut Musik hörte, oder mir irgendwelche Stöpsel in die Ohren steckte, war es nicht auszuhalten.
Ich klingelte gegen vierundzwanzig Uhr nach der Nachtschwester Ute, sie war diese Woche eingeteilt mit der Nachtschicht, mit der Bitte, mich und mein Bett aus dem Zimmer zu schieben und außerhalb in irgendeiner Flurecke abzustellen, damit ich auch etwas Schlaf bekommen kann.
Gesagt, getan, sie fuhr mich heraus und stellte mich in einer halbdunklen Nische ab, da anderswo die ganze Nacht sehr viele Lampen hell leuchteten, oder keine andere geeignete Stelle zu finden war.
Aber an schlafen war auch in dieser Situation nicht zu denken, denn da fuhr irgendein Personal mit kleinen Rollcontainern, die mit Krankenhausutensilien beladen waren, hin und her, oder einige Patienten von anderen Stationen liefen umher, die wohl von außerhalb des Gebäudes vom Rauchen kamen, denn es roch nach Zigarettenrauch, wenn sie vorbeigingen.
Ich sprach am nächsten Tag sofort mit ihm über das Problem des Schnarchens und er versprach mir, mehr auf der Seite zu liegen.
Er war sehr verständnisvoll.
Er tat es zumindest am Anfang, bis er sich nachts dann umdrehte und wieder anfing, so laut zu schnarchen.
Aber dann war ich zum Glück schon so sehr ermüdet, dass ich doch einige Stunden gut schlafen konnte.
Nach zehn mir sehr lang erscheinenden Tagen wurde er vom Krankenhaus auf eine andere Station verlegt und ich konnte nun einiges mehr an Stunden schlafen.
Ich sah ihn nur noch in der Cafeteria.
Ich hatte den Schlaf auch echt bitternötig, meine Augen waren schon blutrot, wie bei Dracula in den Filmen.
Es war nun schon der neunte November 2018.
Es sollte nun endlich die langersehnte und hoffentlich letzte Operation stattfinden.

Dieser sogenannte Abstandhalter sollte wieder entfernt werden und eine Hüftprothese mit Metallverlängerung eingebaut werden. Das Warten vor diesem Büro dauerte fast einen halben Tag, da so viele Leute vor mir anstanden, die Warteschlange der Patienten, die eine Anästhesie für eine Operation benötigten, war sehr lang.

Wie angekündigt stand ich nun endlich auf dem Operationsplan und ohne Verschiebung des Termins fand die Operation auch statt.

Ich brauchte mich auch nicht bei der zuständigen Abteilung zu beschweren.

Das vorher geführte Anästhesiegespräch fand auch statt, jedoch nur in einer Kurzform, da ich nun schon das sechste Mal über die Risiken aufgeklärt wurde.

Die Operation war ein voller Erfolg, es operierte mich der Herr Professor höchstpersönlich.

Zusammen mit drei Stationsärzten sowie zwei Anästhesisten und einigen anderen helfenden Personen.

In diesen viereinhalb Monaten operierten mich sechs verschiedene Ärzte, wobei jeder sein Können unter Beweis stellen wollte. Und was sie auch taten, so glaubte ich es jedenfalls.

Die täglichen morgendlichen Visiten wurden von mehreren verschiedenen Stationsärzten, oder angehenden Ärzten, auch von anderen Unfallstationen, durchgeführt, wobei drei Mal die Woche der Professor selbst erschien, um die Wunden seiner Patienten zu untersuchen und sich um ihr Wohlbefinden zu erkundigen. Etwas Neues in meiner Krankengeschichte wurde aber nicht angesprochen oder neu untersucht.

Es waren mehr als vierzig Röntgenuntersuchungen gemacht worden.

Nun bekam ich ein neues Zimmer, da ich wohl endgültig keimfrei gemeldet war.

Alle Laborabstriche waren nun negativ und ich musste mich auch nicht mehr vermummen, wenn ich die Station verließ, um mit dem Rollstuhl spazieren zu fahren.

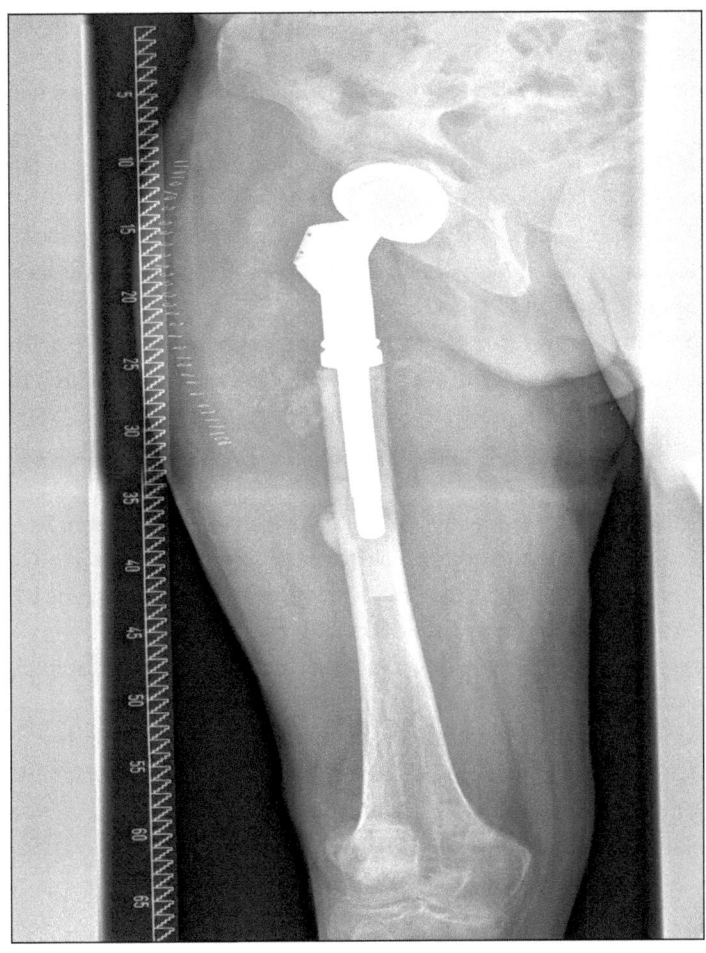

In diesem neuen Zimmer hatte ich einen neunundachtzigjährigen Mann als Bettnachbar.
Ein sehr ruhiger und hochanständiger Geselle, es waren sehr oft die Krankenschwestern bei ihm, um irgendetwas zu erledigen, aber es störte mich überhaupt nicht.
Im Gegenteil, es waren willkommene Abwechslungen, da ich auch viel mit ihm sprechen konnte.

Insgesamt arbeiteten hier auf der Station neun Krankenschwestern und später auch ein Krankenpfleger.
Sie taten schon alles, was machbar war für mich, ich hatte schon das Gefühl, in einer Großfamilie zu sein.
Selbst die tägliche Reinigungskraft war immer für einen kleinen Spaß zu haben.
Am Wochenende kam immer eine rumänische Reinigungskraft, was mir gelegen kam, dadurch konnte ich meine rumänischen Sprachkenntnisse etwas auffrischen.
Samstags und sonntags war nur eine Visite mit einem Durchgangsarzt, dieser Arzt war auf der Notfallambulanz, oder halt auf dieser Station, wo ich lag, zuständig.
Insgesamt bekam ich die volle Krankenhauszeit jeden Tag zwei Dosen Antibiotika.
Mindestens zwei Mal die Woche habe ich von einem guten Restaurant außerhalb des Krankenhauses Essen bestellt, da das Klinikessen nicht mehr möglich war, zu verspeisen, da es, wie ich es schon niedergeschrieben habe, zu oft dasselbe war.
Am 13. 12. 2018 wurde ich schließlich in die Rehabilitation entlassen.
Ich war schmerzfrei und hatte lediglich etwas Muskelfieber.
Ich habe mich bedankt bei dem Pflegepersonal mit etwas Geld und für jeden ein Päckchen Schokolade.
Sie waren schon eine großartige Truppe.

*Fortsetzung folgt ...*
*Alle Namen sind frei erfunden.*

# Bewerten Sie dieses Buch auf unserer Homepage!

www.novumverlag.com

# Der Autor

Reinhard Lack wurde am 20. Juni 1963 in Gießen, Deutschland geboren. Nach der schulischen Ausbildung machte er eine Lehre zum Fliesenleger und diente in der Bundeswehr der US-amerikanischen Armee. Später machte er sich mit seinem eigenen Geschäft als Fliesenleger selbstständig. In seiner Freizeit spielt er gerne Fußball, kocht und angelt. Seit seiner Pensionierung verbringt er seine freien Stunden mit dem Schreiben. Reinhard Lack ist verheiratet, hat ein Kind und lebt heute in Hüttenberg, Deutschland.

**novum** VERLAG FÜR NEUAUTOREN

# Der Verlag

> *Wer aufhört besser zu werden, hat aufgehört gut zu sein!*

Basierend auf diesem Motto ist es dem novum Verlag ein Anliegen, neue Manuskripte aufzuspüren, zu veröffentlichen und deren Autoren langfristig zu fördern. Mittlerweile gilt der 1997 gegründete und mehrfach prämierte Verlag als Spezialist für Neuautoren in Deutschland, Österreich und der Schweiz.

**Für jedes neue Manuskript wird innerhalb weniger Wochen eine kostenfreie, unverbindliche Lektorats-Prüfung erstellt.**

Weitere Informationen zum Verlag und seinen Büchern finden Sie im Internet unter:

www.novumverlag.com